U0902798

孩子，我想成为更好的父母

陪孩子走过7～9岁

俞敏洪 主编 / 新东方家庭教育研究与指导中心 著

浙江教育出版社·杭州

图书在版编目(CIP)数据

孩子，我想成为更好的父母. 陪孩子走过7～9岁 / 俞敏洪主编 ; 新东方家庭教育研究与指导中心著. -- 杭州 : 浙江教育出版社, 2021.4（2023.4重印）
ISBN 978-7-5722-1573-5

Ⅰ. ①孩… Ⅱ. ①俞… ②新… Ⅲ. ①小学生一家庭教育 Ⅳ. ①G782

中国版本图书馆CIP数据核字(2021)第052147号

孩子，我想成为更好的父母 陪孩子走过7～9岁
HAIZI，WO XIANG CHENGWEI GENG HAO DE FUMU PEI HAIZI ZOUGUO 7~9 SUI
俞敏洪 主编 新东方家庭教育研究与指导中心 著

责任编辑 赵清刚
美术编辑 韩 波
责任校对 马立改
责任印务 时小娟
特约编辑 韩晓蕾
封面设计 路丽佳
版式设计 李 韬
插图绘制 杨金利
出版发行 浙江教育出版社
地址：杭州市天目山路40号
邮编：310013
电话：（0571）85170300－80928
邮箱：dywh@xdf.cn
印 刷 北京华联印刷有限公司
开 本 880mm×1230mm 1/32
成品尺寸 145mm×210mm
印 张 5
字 数 97 000
版 次 2021年4月第1版
印 次 2023年4月第2次印刷
标准书号 ISBN 978-7-5722-1573-5
定 价 40.00元

编委会

序一

Preface

当今时代，由于社会环境、家庭环境等都在发生着很大的变化，父母在养育孩子方面也面临前所未有的机会和挑战。民主观念深入人心，父母不再是高高在上的权威；互联网覆盖各行各业，人们的学习方式和沟通方式发生了巨大改变；出国留学不再是少数人的“专利”，走出国门的孩子愈来愈低龄化……面对新的机会和挑战，父母如何做才能成为合格的父母？

中国有句古话叫“功夫在诗外”，讲的是一个人能够写一首好诗，并不是全靠作诗的技巧，或者靠背诵唐诗三百首、宋词六百首，其实更加重要的是这个人在诗之外的眼界、胸怀、价值观和人生阅历等，这些对作诗会有很大的影响。这句话用在教育中我也非常认同，那就是“功夫在学外”。

我见过一些对孩子的教育比较成功的家庭，发现这些家庭的家长并没有把工夫都花在孩子各门功课的学习上。如果家长

把全部精力放在孩子的功课上，甚至不给孩子业余活动时间，不带孩子去了解世界，也不培养孩子的读书习惯，就算孩子学习成绩很好，也不意味着他们在未来有很大的发展潜力。家长真正需要在意的应该是孩子怎样拥有积极向上的人生态度，怎样保持身心健康，怎样面对遇到的挫折、困难，怎样在失败面前成长起来，怎样学会与人进行良好的沟通……这些都很重要，这才是“学外”的功夫。

其实，如果把家长看作一个职业的话，家长就需要通过学习和实践来获得胜任这一职业所需的观念、知识、方法、能力等。可喜的是，现在越来越多的父母意识到自我教育的重要性，他们努力学习科学的育儿理念和方法，并借助各种平台互相分享和交流。养儿育女的过程就像是一段与孩子同行的旅程，父母时而在前引导孩子，时而在旁陪伴孩子，时而在后守护孩子。在旅途中父母和孩子彼此照应，共同前进。正是有了父母的引导、陪伴和守护，孩子才能安全、健康地成长。

同时，父母需要不断提高自己的判断力，在面对具体问题时，要能够判断如何做才更有利于孩子的身心健康。除此之外，父母要保持情绪稳定，要为孩子树立榜样，要多鼓励孩子，培养孩子的勇气，锻炼孩子的自主能力，培养孩子接受失败并重新奋发的能力等，这些都非常重要。

这个世界上唯一不变的就是变化，只有适应变化和拥抱变化，才能跟上甚至引领时代的潮流。面对孩子的教育，家长需要有一种使命感，因为你的孩子不仅仅是你自己的孩子，还是未来世界的主人。家长需要思考培养孩子的目标到底是什么，也需要反思家庭对孩子会产生什么影响。因为家庭教育的成败不仅仅关乎一个家庭，还关乎国家、民族、社会的进步和发展。

我一直相信成长的力量，新东方自 1993 年创建以来，没有一刻停止过成长的脚步，在家庭教育领域亦是如此。如果家长追求成长，尤其是精神和心灵方面的成长，就会潜移默化、春风化雨般滋养孩子的成长。如果家长只是一味地要求孩子，自身却停滞不前，就不可能为孩子创造良好的成长环境，孩子的成长可能会受到阻碍。所以，孩子的成长是父母和孩子一起成长的结果，做新时代的新父母需要我们更加重视自身的成长。

新东方愿意与各位家长朋友携手共同成长！

俞敏洪

新东方创始人、新东方教育科技集团董事长

序二 Preface

当父母的意义

当翻看这套“孩子，我想成为更好的父母”时，第一感觉就是今天做父母好难，要工作，要养孩子，还要学习如此多的养育知识。既然这样难，那人们为什么还要做父母呢？只有明了当父母的意义，才能够享受做父母的快乐，才能够真正拥有一颗为人父母的平常心。

在大部分中国人的传统观念中，生养孩子有着重要的文化意义和生存意义。一是传宗接代，让家族的血脉得以延续，在这一意义上，孩子的成长就具有了代际相传的使命感，优秀的孩子可以光宗耀祖。所以，很多父母倾其所有将孩子培养成才，在众人面前感受着“有出息的孩子”带来的荣耀。二是养儿防老，把生养孩子作为一种代际的利益交换，父母年轻的时候养孩子，

年老的时候由孩子陪伴和养老送终。这两种生养孩子的意义在今天依然延续着，持有第一种观念的父母常常有着巨大的压力，唯恐孩子“不争气”；持有第二种观念的父母，会把孩子紧紧拴在自己身边，不希望他们远走高飞。本质上，这两种对“做父母”意义的理解都不是以父母自身和孩子自身为出发点的，而是以家庭为出发点的。

现代社会，“做父母”有了新的意义。不少年轻的父母表示，当父母的意义就是为了参与一个生命的成长！在参与的过程中，父母的生命本身有了意义，养育过程中有种种困难要克服、有大量的不求回报的付出，还有带着泪花的喜悦。做父母的意义就是陪伴一个小小的、和自身有着血肉关系的生命从稚嫩走向成熟，从依赖走向独立！在这一意义上，做父母就是一个过程，是陪伴、参与，以及与孩子一起成长的过程。

持有“参与一个生命的成长”的理念，父母的心态会发生变化，会对孩子的到来和共同的生活、学习、运动充满感恩之情，会时常感恩小生命的陪伴。持有这样的理念，家长们就不会再抱怨“孩子怎么这么笨”“孩子怎么总爱生病”“孩子为什么不听话”。父母们会知道，时光荏苒，要珍惜和孩子在一起的每分每秒。

我曾开设过针对父母的“生命教育”课程，课上我会让父母们想象自己遇到灾难（如飞机出现故障），并要求他们在五分钟之内，给孩子留下最想说的话和对孩子的期望。在所有写下的期望中，没有一个父母提到孩子的考试成绩，几乎所有父母都在倾诉自己对孩子的爱，期望孩子身心健康、未来能够自食其力、做个对社会有用的人。这就是做父母的初衷，所以不要忘记初衷！

如果父母期望孩子身心健康，那就多花些时间陪伴孩子一起运动；如果父母期望孩子能够自食其力，那就在学习之余教给孩子生存的能力和不怕困难的品质。父母只能陪伴孩子一段时光，孩子终究要长大，要自立，要自己走向社会，要承担起责任。父母能够放飞孩子，孩子才能飞得更高、飞得更远。

为人父母，我们一定要记住初心！

佟新

北京大学社会学系教授

目录

Contents

第一章

懂教育促未来

给孩子全面成长的天空 *

合格的父母，要把孩子德、智、体、美、劳五方面的能力都培养出来，而其中最重要的就是“德”。

习近平总书记在2018年全国教育大会上提出，“要培养德智体美劳全面发展的社会主义建设者和接班人，……要努力构建德智体美劳全面培养的教育体系，形成更高水平的人才培养体系”。这是国家对广大父母的要求，所谓合格的父母，就是要把孩子“德智体美劳”的素质都培养出来。

“德”，就是一个人人品的全面发展，它不单单指道德。我们说一个孩子做事坦诚、为人诚信，其实这些都是“德”的重要组成部分。我认为，培养孩子的“德”包含以下两个要素：一个

---

* 本书第一章前九篇文章的作者，均为新东方创始人、新东方教育科技集团董事长俞敏洪。

是诚信，就是我们要培养孩子不说谎、不在背后说别人坏话的习惯；一个是善良，也就是我们要培养孩子与人为善，乐于助人的品质。

“德智体美劳”全面发展中，最重要的就是“德”的发展。有了“德”，即使孩子成绩不那么好，一生也几乎不会有大问题。如何培养孩了的“德”呢？一定要靠言传身教的力量。

“智”,不是很多家长理解的学习成绩好,上名牌大学。“智”,除了代表知识以外,更多的是智慧、眼界,以及看待世界的角度。一个孩子即使学习成绩很差，但如果他喜欢读书、思考，眼界开阔，有见识，会对自己提出更高的要求，我们就可以说这个孩子是有“智”的。

“智”的另一个方面指的是想象力、创造力、独立思考能力与辨析能力。只可惜，在高考体系的作用之下，当今很多学校依然在奉行“标准答案”和“死记硬背”的教学模式，这样的教学模式不需要学生动脑筋思考，只是在锻炼他们的记忆。

为了让孩子有“智”，我们要从小培养孩子阅读的习惯。家长每天给孩子读故事，读到孩子睡着，这是不够的。当孩子有了语言表达能力以后，我们还要让孩子把故事讲给我们听。讲故事比读故事更加重要，因为它会不断开发孩子的想象力、语言组织能力和表达能力。除此之外，还要经常跟孩子进行对话和讨论。科学研究表明，经常跟父母进行对话的孩子，智商和情商水平比其他孩子要高。

“体”，指的是爱好体育、身心健康。我们常常认为“体”就是体育，比如打篮球、打羽毛球、跑步等，孩子有这样的爱好是很好的，但我觉得“体”字体现的是身心两方面的健康，尤其是心理健康。所谓心理健康，指的就是孩子不是抑郁的、迷茫的，或者对生活失去信心的。这就需要家长和学校共同努力，给孩子提供一个充满安全感的环境，这样孩子的身心才会健康发展。

“美”，在我看来不是指带孩子去学音乐或绘画，如果孩子有兴趣或天赋，学一点是可以的，但没有必要为了考试和比赛而学。“美”的最高境界是对生命的热爱和对生活的热爱。比如看到夕阳西下有所沉思，看到朝阳东升心潮澎湃，这就是一种欣赏美的能力。日常生活中，我们要经常带孩子旅行，让他欣赏天地之美，或者和孩子一起朗读优秀的诗歌和散文，让他从文字中感受美。哪怕孩子什么都不懂，对艺术一窍不通，只要他有对生命的热爱，就可以理解美。

“劳”，包含两个维度：一个是独立，也就是孩子有独立生活的能力；另一个是勤快，也就是自觉自愿做家务。培养孩子的“劳”，就是培养生存能力和良好的生活习惯。很多家长在代替孩子做家务的同时，也把孩子的成就感给剥夺了。孩子哪怕自己动手系一根鞋带，如果系得很漂亮，也会产生成就感。但是，我们看到无数的家长在孩子小学阶段还帮他们系鞋带、拿书包，这无意之中就剥夺了孩子成长的机会。所以，要让孩子从小学会自己动手，他将来才能丰衣足食。凡是孩子应该自己动手的事情，家长决不可代替。

为人父母最重要的四件事

为人父母，必为之事千千万，如下四件乃重中之重：关注孩子的性格和脾气、树立行为规范、引导兴趣，以及高质量的陪伴。

身为人父人母，必为之事千千万，但如下几件，是养育孩子的重中之重。

第一，关注孩子的性格和脾气。这里所说的并不是告诉孩子怎样控制自己的脾气，怎么塑造自己的性格，而是说家长需要从自身做起。如果家长反复无常，孩子就会产生恐惧和逃避心理；如果家长通情达理，孩子就不太可能形成古怪的性格，他的行为也不会很反常。

第二，树立行为规范。这里所说的并不是教导孩子刻苦学习，而是帮助孩子建立日常生活中待人接物的基本准则。当然，这一点家长必须自己先做到位，能够以身作则才行。我曾经遇到一个妈妈在收快递的时候，要求自己 2 岁多的孩子对快递员说“谢谢”，但孩子就是不说。妈妈就跟孩子说：“不说‘谢谢’是不对的。人家为我们提供了服务，你却不表示感谢，以后他就不把东西送到你手上了。”孩子其实是能明白的，所以他又折回去，喊了声：“谢谢叔叔！”这就是行为规范。

父母要坚持提醒孩子做这些小事，哪怕是看上去微不足道的事。经历几次之后，孩子就会变得很懂礼貌，从而容易被身边的人接纳。一旦被身边的人接纳，他就会产生强大的安全感，他的性格就会更加健全。量变引起质变，就是这个道理。

第三，兴趣引导很重要。所谓兴趣引导，不是父母强加给孩子一个兴趣，而是激发孩子的天性，让这个兴趣成为孩子的某个强项。有了强项傍身，孩子就很容易有成就感与存在感了。

父母不要总说自己的孩子某方面不如别人。每个人都有许多不如别人的地方，但是不需要过分强调这些劣势，而是应该帮助孩子在其他方面建立自信。这种自信并不是源于某一科目学得多好，而是要让孩子坚信不管自己处在什么位置，父母都能接纳自己的现状，同时自己也能为别人所接纳。

第四，给孩子高质量的陪伴时间。给孩子陪伴的时间，不是在家里陪着孩子就行了。如果孩子在学习，你却在看电视，那么这种陪伴是不可取的。父母要经常跟孩子接触、沟通，比如拥抱一下，聊聊他在学习、生活上的感受，为他排解心中的苦恼等，要让孩子感受到父母的关怀是温暖的，父母的陪伴是让人开心的。

新病梅馆记*
——每棵树都不该被过度修剪

教育孩子有时和修剪树木很像。过度修剪的话，孩子就无法在天地间自由舒展，就没有了自己的个性，也就没有了长成参天大树的精神。

树木本应该在天地之间自由自在地成长，长出自己的形状，长成自己的个性。对于树来说，无所谓有用或无用，生长在天地间，吸纳天地精华，展现自己的精气神，就是它们的唯一目的。

在欧洲和美国的园林里，常常能够看到被修剪得奇形怪状的树，人们一路走过都啧啧称奇，觉得园艺师修剪的功夫十分了得，原来树的形态可以这么优美、高雅。但那只是牺牲了树的本性来满足人类的审美而已，对于树来说，这纯粹是一种残害。

---

* 清代文学家龚自珍有散文《病梅馆记》，本文以树喻人，故名为“新病梅馆记”。

人们对于树的过分修剪，在我看来就像中国旧时代要女子缠小脚一样，是一种病态。

为了城市绿化和形象工程，有人把已经长得很成熟的树移来移去。由于长大的树移植起来并不容易，所以就把大部分树枝砍掉，或者干脆把树干的上半部截掉。每次看到这样的树，我的心里就一阵阵发紧。

树一定也很痛吧？树枝就像树的手，是为了伸向天空迎接太阳的，被砍了就成了残废。只有保留树干，小树才能长成参天大树，树干被截了就一辈子没有了希望，这样又砍又截，树木活着的精气神就再也没有了。就算活着，也是一棵没有灵魂的树，苟且偷生而已。树一定也知道这样活着是一种屈辱，所以被这样移植的树很多都死掉了，而且死得很委屈、很窝囊。

一些家长教育孩子很像对待那些被移植的树木。树木从小适当地被扶持和修剪，可以长得更加挺拔一点，这无可非议。但一些家长教育孩子的做法，就像把孩子们的树枝给全部砍掉，甚至把孩子们的树干也给截掉一半，然后再按照我们所谓的教育标准来培养他们。这样做的后果就是孩子没有了可以自由伸展到天空的树枝，也没有了长成参天大树的精神。

现在的小学、中学、大学校园里，有不少这样的学生，他们缺少少年的天真和青春的朝气，就像一棵棵没有精气神的树。

就像人们用病态的眼光欣赏被修剪得奇形怪状、身残体歪的树一样，一些家长也用病态的眼光欣赏着被修剪得已经“变态”的孩子们，他们一个个“奥数”题做得飞快，高考分数很高，但实实在在被变成了没有野蛮生长能力、没有自由伸展能力、不能在天地之间枝繁叶茂的生命。

面向未来的教育

教育不是注满一桶水，而是点燃一把火。未来教育中我们要注重心情教育与鼓励教育，培养孩子向往伟大、走向伟大的信念和能力。

智商、情商、逆商三大商数共同决定了一个人的成就。其中，智商虽然重要，而情商和逆商对孩子的成长更为重要。因此，面向未来的教育，要着重培养孩子的情商和逆商。

什么叫情商？简单地说，情商就是让别人信任你、喜欢你的能力。被人信任的前提是具有讲诚信的人品、人格。待人诚恳，这样才值得被人信任。同时，学会分享，与伙伴互相帮衬，也是情商至关重要的内容。逆商就是面对困难、挫折、失败时的抗打击能力和自我鼓励能力。我们往往把对孩子的逆商教育当作是对孩子的“侮辱教育”“挫败教育”和“打骂教育”。而真正的逆商教育则是通过鼓励的方式，让孩子从失败中站起来继续勇往直前。

如何在家庭教育中培养孩子的情商和逆商呢？我觉得可以从以下几个方面着手。

第一，实行心情教育。带孩子纵观山峦叠翠，沐浴晨光雨露，欣赏满天繁星等都是心情教育。我第三次备战高考时的英语老师授课充满热情，他鼓励学生自主学习，同时还对我们进行心情教育。江边讲故事、参观名人故居、爬山消遣等活动，表面看来不过是浪费时间，但我们在这种氛围中学会了排遣杂念和放松心情，学习激情与效果在无形中得到了提升。

目前中国的心情教育状况不容乐观。现在的很多中学囿于各种限制，没有魄力，也没有能力放手推行心情教育。我曾经与几个重点中学的老师探讨过为什么不组织学生去春游。他们顾虑的是这类活动难免会发生意外，而一旦有意外，学校与家庭之间将会产生矛盾。因此，在目前的状态下，心情教育很难推行开来。

相比较而言，国外很多国家的心情教育与国内存在明显的差距。国外一些学校组织学生参加挑战项目，比如野外徒步 20 天，在没有任何现代化设备的情况下，锻炼学生基本的野外生存能力。项目启动之前，家长需先签生死协议书，如果一旦发生意外，学校不负任何责任，家长也深知个中利害。这种在国内看来不可思议的项目在很多国家却运行得非常顺利。这源于那些国家整个社会对学校教育的大力配合。

第二，实行鼓励教育。鼓励教育就是培养孩子的成就感，让他们收获更多的成就感和幸福感。孩子们的优势不一定会自动展现在你我眼前，我们需要努力挖掘他们的潜在能力和优点。如果既没有从孩子的身上发现他的特长和优势，也不鼓励孩子，这无疑是放弃了孩子，扼杀了他们的成长空间。实际上，每一个孩子或多或少都是有优点的，即便是发型、服饰、笑容这些看似与学习无关的方面，同样值得鼓励，无须吝啬我们的语言鼓励，要知道，好成绩仅仅是值得表扬的一个方面而已。

第三，培养孩子向往伟大、走向伟大的信念和能力。我们看到，有的人一辈子碌碌无为，有的人一辈子志向远大、成就辉煌。其实，无论是伟大的人，还是平庸的人，日子都是琐碎的。琐碎的日子就像水泥或沙石一样，既可以堆砌成伟大的建筑，也可以永远是一堆水泥或沙石。人与人的差别也是如此。

对于孩子来说，出生不是自己能够选择的，但是以何种姿态行走，获取多大的成就，乃至人生最终的归宿在哪里，这是自己能够抉择的。所以，个人的成就虽然离不开先天条件，但是最主要还是取决于后天的努力。而家长和老师就是学生后天努力的最大支持者。

有一句英文是这样说的：“Education is not the filling of a pail, but the lighting of a fire。”意思是：“教育不是注满一桶水，而是点燃一把火。”让我们一起努力，点燃我们作为家长或老师内心的火焰，也点燃我们遇到的每一个孩子内心的火焰吧！

人是为克服困难而生的

人生的意义隐藏于困难之中。每一次面对困难、克服困难的过程，就是我们的生命被淬火锻造的过程，也是我们变得坚强的过程。只有我们拥有了克服困难的勇气，生命才会更有意义，才会充满惊喜。

我始终相信，人是为克服困难而生的。人生没有困难，就像地球没有了高山，就没有了人们征服绝顶的豪迈；人生没有困难，就像地球没有了大海，就没有了人们扬帆远航的气概。

其实，生命中有没有困难由不得我们主动选择。从出生那天起，我们就开启了和困难一起成长的过程：我们要学会走路，就必须忍受摔倒；我们要学会说话，就必须努力重复；我们要学习优秀，就必须学会竞争；我们要工作，就有可能面临失业的危险；我们要创业，就有可能经历失败的洗礼。对于人生的困难和痛苦，任何人都无可逃避。人与人的不同，并不在于一生遇到困难的多少，而在于面对困难所采取的不同态度。对待困难的不同态度，造就了不同的人生。如果我们相信，人为克服困难而生，那我们就为生命选择了一条向上的正确道路。

困难就像生命的营养剂。我们很难设想一种既没有困难，也不需要勇气的人生。每个人都希望拥有心想事成的生活，但如果一个人想什么就能够得到什么，他的生命将会变得毫无趣味。一种不需要努力奋斗就可以坐享其成的人生，必将成为一种餍足而痛苦的存在。这就是为什么很多富家子弟堕落和无能的原因。只有经过努力得到的东西才是弥足珍贵的，也只有通过努力得到的收获才能使人产生较为长久的自豪感和幸福感。

没有困难的人生就像温室里的花朵，永远不可能有远行万里、欣赏世界的机会，也永远不可能有迎接风雨、茁壮成长的力量。如果我们的生命没有困难，我们就会缺乏坚强，就像没有经过锤炼的生铁，非常脆弱而容易断裂。每个人都有成为最强韧的钢材的潜力，但没有经过淬火、锻造、去除杂质，我们永远成不了优秀的钢材。每一次面对困难、克服困难的过程，就是我们生命被淬火锻造的过程，就是我们变得坚强的过程。

如果我们的生命中没有困难，我们就会缺乏渴望，而渴望则是生命强大的动力。只有在沙漠中行走的人，才知道水的珍贵；只有忍受过饥饿的人，才知道食物的重要；只有失去自由的鸟，才最向往天空；只有身陷囹圄的人，才最向往自由；只有拥有渴望的人，才最能迸发出追求灿烂生命的勇气。

人的一生，就像一条河流。我们可以是平原上的一条小河，涓涓细流，清澈平静，永远没有奔腾的性格，永远没有呼啸的力量，一生都在安逸中度过；但我们更希望自己是一条从险峻的高山奔流而下的大河，冲破障碍，穿过峡谷，裹泥带沙，呼啸而下。我们更希望用自己的一生，来展现生命的力量，来宣告自己面对困难的强大。长江和黄河的梦想不是平静，它们的梦想是遥远的大海，为了这一梦想，它们融化了冰的封锁，冲破了山的阻隔，绕过了石的顽固，不管一生有多少回曲折，但奔向大海的目标始终不变。

长江和黄河的曲线不一样，流经的地域不一样，个性不一样，但它们奔向大海的梦想是一样的，它们在奔流的过程中所体现的精神和勇气是一样的。我们任何一个人的生命和其他人的生命都不会相同，我们的出身不同，生长环境不同，个性和脾气不同；不过，伟大的生命一定会有相同的地方，那就是拥有伟大的梦想，以及克服困难的勇气和坚韧不拔的精神。

其实，人类一无所有，唯一拥有的就是克服困难的勇气，正是这勇气使人类从远古走到了今天。而每一次人类的进步，每一次文明的繁荣，都见证了人类克服困难的历史。人与人之间也没有任何本质的不同，但有的人一辈子无所作为，有的人一辈子灿若恒星，造成这种差异的重要原因之一就是人们克服困难的勇气不同。人生的意义隐藏于困难之中，只有我们拥有了克服困难的勇气，生命才会更有意义，才会充满惊喜。

希望，也许是最好的东西

人生总会有无可回旋的时候，一旦身处绝境，最重要的是心存希望。逆境中，心存希望的人是强大的人，是可以拯救自己的人。

《肖申克的救赎》是一部 1994 年上映的老电影，也是一部历久弥新的电影。电影情节我不再赘述，在百度上就能够搜到，看过的人都被震撼过，没看过的人更应该去看一下。我分享一下这部电影带给我的启示。

绝望似乎是一种让人难以忍受的状态，但实际上人是很容易接受绝望的。肖申克监狱里的大部分罪犯都被处终身监禁。在监狱里待几十年直到老死，一定是非常令人绝望的。但大部分罪犯最后也就接受了这样的事实，年复一年地活着：习惯被欺负，习惯事事汇报，习惯不动脑子。

其实人在绝望中并不会非常痛苦，只有在绝望中还总抱着希望才是真正的痛苦。我们大多数人是身在绝望中而不自知，并不比肖申克监狱里的罪犯好多少，因为我们不自知，所以也无所谓痛苦。

真正抱有希望的人，才会有巨大的痛苦和挣扎，但无谓的痛苦和挣扎对实现希望没有任何帮助。在电影中有关希望的台词不少，有两句让人记忆尤其深刻，第一句是老囚徒瑞德（Ellis Boyd Red Redding）说的："希望是危险的，希望让一个人发疯，在监狱里希望没有任何用处。"第二句话是男主角安迪（Andy Dufresne）说的："记住，瑞德，希望是好东西，也许是最好的东西，而好东西是不会死的。"

安迪是电影中的主角，他以行为来阐释了人生的最高困境和哲学，以及救赎的过程；瑞德是配角，他用旁白来撬动人的思想，震醒头脑"僵死"的人。瑞德代表放弃了希望但依然想乐观接受现状的那类人，而安迪是决不放弃希望的典型代表。所以，整个监狱里，只有安迪一个人为了希望奋斗，哪怕希望渺小如飘忽的豆油灯。

为了给监狱图书馆增加图书，安迪六年内不停地写信申请拨款，最后终于改善了监狱的阅读环境，也让很多囚徒在阅读和音乐中振奋起来。为了获得宽松的条件，他不惜忍辱负重，为邪恶的监狱长和狱警队长服务了许多年；但希望的象征——那把小鹤嘴锤，一直在他手里，他每天晚上挖一点，二十年如一日，最后终于挖出了逃生的隧道。这就是希望的力量。

人生总会有无可回旋的时候，有时是因为体制、命运，有时是自己的错误、他人的原因，使厄运降临。出现这种状态时，大部分人的反应都是心灰意冷，有少数人甚至走上绝路。绝望的时候，最重要的是要心存希望，哪怕如飘忽油灯，只要一直亮着，就有云开日出的时候。

当瑞德提到监狱的高墙时，他说："刚入狱的时候，你痛恨周围的高墙；慢慢地，你习惯了生活在其中；最终你会发现自己不得不依靠它而生存。这就叫体制化。"所谓体制化，其实就是一个人被制度和现实同化，既不需要独立思考也不可能独立思考，最后失去了独立思考的能力，依附于体制而不能自拔。其中一个老年狱友布鲁克斯（Brooks Hatlen），在监狱里待了五十年，获释后不愿意出去，出去后无所适从，最后选择了自杀，这是很深刻的象征。

实际上人类是很容易被体制化的，德国的希特勒（Adolf Hitler）曾让那么多人被体制化，无数人都变成了邪恶体制的帮凶，有些可能是被胁迫，但有些人是出于自愿。

人“要么忙于生存，要么赶着去死”。我们要思考的不是如何去赴死，而是如何更有希望地生存。尽管我们是普通人，我们的羽毛也并没有像电影台词“有些鸟儿注定是笼子关不住的，它们的每片羽毛都闪耀着自由的光辉”说得那么鲜亮，但我们至少可以成为一个强大的人，来拯救自己。正如电影中所说的那样：“强大的人拯救自己，伟大的人拯救他人。”

 寻找生命的充实和精神的丰满

作为普通人，一生只要弄懂两点就可以了：第一是自己如何活得更好、更有意义；第二是如何在力所能及的范围内推动这个世界的进步和发展。

“哲学”的英文是 philosophy，这个单词按照词源拆开了就是“爱”和“智”，所以哲学就是“爱智慧”的学问。

在我看来，哲学有两个最重要的研究方向：第一个研究方向是如何解决我们个人的问题，即怎么活着，怎么活着更好，以及怎么活着更有意义的问题。北大是有哲学味的地方，你进北大校门时就会被门卫问三个问题：“你是谁？你从哪里来？你要到哪里去？”其实，对每个人来说这都是很重要的问题：我们为什么来到这个世界？我们要往什么方向去？我们现在的生命状态是怎样的？

哲学的第二个研究方向就是个人与世界的关系。我们永远

不可能一个人独立存在于这个世界，总要和其他人发生关系，和物质发生关系，和思想发生关系。把个人和世界的关系处理好，是很难的事情，至少我个人做到今天还是一团糨糊的状态。但是有一点非常重要，我们必须通过不断努力来掌控自己的生命，让生命展示出应有的意义和内涵。

寻找生命的充实和精神的丰满，构成了大部分人生命的主题。但并不是每个人都是如此，我就碰到过很多人追求的不是生命的意义，而是身体的享受、吃喝玩乐、面子虚荣等。每个人所追求的东西都是不一样的，但无论怎样，在面对尘世时，我认为我们都要有超凡脱俗的心境。

尽管我现在实现了财务自由，但我确实是一个在物质上没有太多追求的人，我更喜欢简朴单纯的生活状态。当然这个不影响我继续挣钱，也并不意味着我完全排斥物质享受。抛开物质的层面，精神上的追求成为我过去二三十年里重要的人生主题，我的追求可以总结为如下六个方面：如何获得更加充实的精神；如何使自己的心性进一步回归自然；如何实现知识的不断更新及智慧的不断提升；如何追求事业的不断完善；如何获得更加真挚的感情；如何广施善缘，用自身的善行为更多人服务。这些追求都跟精神层面相关。

实际上，为了专注于更加充实的精神追求，我甚至会故意避开可能带给我烦恼和影响的一些物质享受。虽然我家里没有几件超过一万块钱的东西，却放着上万本书，小偷来了也不会偷我的书。我身上几乎没有任何名牌的东西，我的手表是200块钱的儿童手表，丢了也不那么心疼。我对自己有两点要求：第一，绝对不能把自己变成物质的奴隶；第二，所赚的钱必须用在正道上，用在符合上面所说的六个方面的追求上。

我也尽可能不做让生活变得更加复杂的事情。年轻的时候我做过一些不靠谱的事情，现在通过不断学习，控制力更强一点，比如对各种欲望控制得比以前要好很多。这一方面意味着我在变老，少了很多少年轻狂，另一方面也意味着生命的进步，而不是老而糊涂。同时，我已经努力放弃了任何只会带来虚荣的享受方式，比如出入各种灯红酒绿的场所，或者参加各种名流聚会。我做不到像大师那样遁入空门，但我已经能够做到摒弃一些单纯满足世俗欲望的享受。

总的来说，我对哲学几乎是没有研究的，既不懂康德（Immanuel Kant）也不懂黑格尔（Georg Wilhelm Friedrich Hegel），马克思（Karl Heinrich Marx）的著作也没怎么读过，也不懂现代科学，没读过关于量子力学、混沌理论等对哲学带来重大影响的著作。但我觉得作为普通人，一生只要弄懂两点就可以了：第一是自己如何活得更好、更有意义；第二是如何让这个世界变得更好，即如何参与到这个世界中，并在力所能及的范围内推动它的进步和发展。

所谓哲学，就是指导普通人如何幸福生活和如何使世界进步的一种学问吧。它可以引导我们在迷茫中不失本性，使我们在面对尘世的同时，又能超凡脱俗。

习惯的陷阱

如果说人是由习惯支配的动物，而习惯又决定了我们的命运，那就让我们先养成优秀的习惯，再让优秀的习惯引导我们踏上人生的旅程。

从前有一头骡子，自小就在磨坊里拉磨，日复一日绕着石磨兜圈子，勤勤恳恳，十几年如一日。有一天，它终于老得再也拉不动石磨了。主人觉得它劳苦功高，决定把它放养到旷野之中，让它在绿草地里自由自在地度过余生。但这头骡子从来就没有享受过蓝天白云下的自在生活，它已经失去了作为动物融入大自然的天性。在如此宽阔的天地中，这头骡子唯一能做的就是在吃饱以后，绕着一棵树不断地兜圈子，直到最后死在这棵树下。

我们很多人过着和这头骡子一样的生活。从小我们就养成了各种各样的习惯，并且被这些习惯所左右，不假思索地按照自己的习惯去做事情。有人说性格决定命运，其实习惯才是决定命运的关键。人是顺着自己的习惯活动的，就像物体顺着自己的惯性运动一样。我们在习惯之中生活，会有一种很舒服的感觉，而且这种感觉和生理上的舒服直接相关。就像抽烟一样，很容易上瘾，明明知道这样下去对自己没有好处，却依然经不住诱惑继续抽下去。

最可怕的还不是我们拥有什么样的习惯，而是养成某种恶习却不自知。我们都知道，把青蛙放在开水中，青蛙会迅速跳出来；但把它放在冷水中，再慢慢加热，青蛙就会感到很舒服，直到最后烫死在水里。我们有时就像这只青蛙一样，身处险境却不自知：在学校里，只知道背诵答案却不知道如何培养独立思考的习惯，使我们失去了创造力；在工作中，只知道服从却不知道养成提出更好意见的习惯，使我们失去了很多发展机会；在生活中，天天上网聊天、日夜追剧的习惯，使我们失去了很多专心致志完成重要事情的时间。最后，我们也只能平庸地过一生。

请在某个宁静的夜晚坐下来，拿出一张白纸和一支笔，总结一下你生活中的成功和失败，寻找一下成功和失败的根本原因，把这些原因一条条清晰地写下来。再把你生活中所有的习惯写下来，看看哪些习惯是好习惯，哪些习惯是坏习惯。如果自己想不清楚，就把了解你的好朋友请过来，请他帮你提提建议。你的朋友常常会比你更了解你自己，他能一针见血地指出你的优点和缺点。当你把成功的原因和好习惯列成一栏，把失败的原因和坏习惯列成一栏以后，你就会吃惊地发现：你的好习惯就是你成功的原因，而坏习惯也正是你失败的原因。

与骡子相比，人的伟大之处在于我们是自觉的动物，我们有自知之明。当我们发现坏习惯是阻碍成功的拦路虎后，我们就可以不遗余力地清除它们。当我们发现自己正像骡子一样在原地绕圈子时，我们应该勇敢地走向远方的地平线，坚信那里有不同的风景在等待着自己。

亚里士多德说过："优秀是一种习惯。"如果说人是由习惯支配的动物，而习惯又决定了我们的命运，那就让我们先养成优秀的习惯，再让优秀的习惯引导我们踏上人生的旅程吧！

 为自己和孩子建一座美丽花园

我们每个人成长的过程，以及我们作为父母陪伴孩子成长的过程，就是为自己、为孩子建一座美丽花园的过程。让我们努力经营自己和孩子的花园，将“爱”和“善”种植在泥土里面，让生命从此沐浴阳光、蓬勃向上。

在从北京飞往丽江的飞机上，我阅读了《我承诺给你的美丽新世界》一书，作者兔毛爹。此前我没有听说过兔毛爹，这本书是怎么到我书桌上的我也不知道。因为我在图书界有了爱读书的名声，不少出版社都会给我寄书。我小小的办公室里，有一半地方已经被各种各样的图书占领了，这本书就躺在那堆书里。

我有一个习惯，每过两三天就会坐在地板上把堆积的书翻阅一遍。昨天翻阅的时候，这本书进入了我的眼帘。我被里面美丽的花园图片，还有兔毛爹和他女儿兔毛可爱的照片所吸引，便开始阅读里面的文字：

“对于我来说，中年，就是隐于花园这个世界角落间的一颗‘正果’。历史的生猛，在此间早已换作了一盏盏在秋风中尚留有少年唇香的甘茶。

“品茗、种花、写书、和女儿捉迷藏，间或背起行囊云游，或许这才是中年人该有的生活。”

我也人到中年，文字引起我的兴趣，书就进入了我的行囊。航班飞行差不多四个小时，我把这本书也差不多翻完了。谁是兔毛爹呢？百度了一下，在绿手指园艺的博客（湖北科学技术出版社致力于推广园艺图书的官方博客）上得到下面一段的信息：

兔毛爹，本名彭已名，北京土著，《美好家园》杂志园艺版顾问、旅行家、园艺爱好者、摄影爱好者、自由撰稿人。2008年以后，兔毛爹的兴趣逐渐转向摄影，摄影作品《希望之翼》和《平枝海棠》，曾获“新浪·远洋一方杯摄影大赛”及“‘海棠之恋’摄影大赛”三等奖及特别奖。园艺方面，在2008年他开始为自己刚出生的女儿设计“兔毛花园”，自此成为园艺爱好者，并发表园艺及生活访谈录多篇。

《我承诺给你的美丽新世界》文笔优美，主题为父女温情和成长故事，展现了一座美丽的花园、一个家庭的生活故事、一个小女儿在父亲关爱下的成长过程。

兔毛爹本是一个一直在路上的旅行家，但终于被兔毛娘“绑架”结婚，最后生出宝贝女儿兔毛。之所以叫“兔毛”，是因为他们希望孩子有美好的明天，起名Tomorrow（明天），结果被姥姥叫成了“兔毛”。兔毛一家对花园有着无尽的热爱。孩子出生后，兔毛爹一心希望建一座自己的家庭花园，让孩子伴随一年四季的花开花落成长，养成乐于和大自然亲密相处的性格。这在中国其实是件特别奢侈的事情，因为建一座花园既需要钱还需要悠闲，更加需要打理花园的技艺和眼光。他们最后在潮白河边找到了一处安家之地，把院子里的空地设计成了精美的花园，种上四季鲜花。

兔毛爹原来一直浪迹天涯，但自从女儿出生之后，所谓的浪迹天涯就变成了为自己心爱的女儿建造一座专属于她的花园，并且在女儿成长过程中带着她到全世界去看各种各样的花园。在和女儿这个小生命的互动中，他终于为自己那颗不安分的心找到了栖息场所，并且乐此不疲。这里面既有对过去生活方式的倦怠，又有在女儿新生命的开启中找到了最佳的父爱安放之所的寓意。

这本书其实也是一部很好的家庭教育的作品，一本教天下父亲如何以自己的方式陪伴孩子成长的故事书。

兔毛爹说：“童年，是人潜意识形成的重要阶段，也是人世界观形成的最初阶段。是故，在这个阶段，做父亲的不仅要充当女儿的保护伞，让她的潜意识里充满信任和美好，更要用自己的世界观去影响和帮助女儿树立正确的世界观。我希望兔毛不仅要做个漂亮的女孩，更要做个优雅的女孩。我告诫兔毛：这世界上有钱的人很多，而有教养的人却少之又少，所以，不要做有钱人，而要做有教养的人。”

这样的语言，实在是洞察一切家庭教育理念的最好总结。

感谢兔毛爹为我们提供了一个做父亲的典范，他用美丽的文字和图片给我们带来了一场心灵领悟之旅。其实，我们每个人成长的过程，还有我们作为父母陪伴孩子成长的过程，何尝不是为自己、为孩子建一座美丽花园的过程？我们对花园的打理方式决定了这座花园最后会是四季灿烂、鲜花竞放、秩序井然、美丽充盈，还是杂草丛生、枯枝败叶、四季荒芜、遍地肃杀。

让我们努力经营自己和孩子的花园，将“爱”和“善”种植在泥土里面，让生命从此沐浴阳光、蓬勃向上。

尊重：父母的持守，孩子的期盼 *

尊重是一种信念、一种品格，也是一种行为方式。尊重的信念，就是要相信每个人都有与生俱来的价值尊严和权利。尊重的品格就是对孩子的尊重具有一致性。尊重的行为方式就是给孩子一个有温暖、有微笑、有爱、有情感沟通的爱巢。

在家庭教育中，决定孩子行为的是价值观，而尊重则是家庭教育价值信念的核心概念。

尊重是什么？在我看来，尊重是一种信念、一种品格，也是一种行为方式。

尊重的信念，就是要相信每个人都有与生俱来的价值尊严和权利。比如，无论成绩好坏、长相如何，每个孩子都是平等的存在。一个家庭中，爸爸、妈妈和孩子之间的关系是平等的，

* 本文作者为中国青年政治学院副教授许莉娅。

我们既要教孩子孝敬父母和长辈，也要给孩子最基本的尊重。

尊重也是一种品格，这里既有道德的含义，也有心理学的含义。从道德的意义上来说，尊重是一种高尚的美德；从心理学的意义上说，尊重是人格的一种特质。所以具备尊重品格的父母，对孩子的尊重具有一致性，无论是在外面还是在家里，无论是孩子乖巧的时候，还是孩子不听话的时候。

此外，尊重也是一种行为方式，它体现在人的言谈举止中。我常常问为人父母者两个问题：第一，你一天会和你的孩子说多少句话？这些话中有多少是对孩子的要求、命令、责备、批评、数落、诋毁、谩骂和羞辱？又有多少表达了你对他们的喜爱、肯定、赞美和关怀？第二，你与孩子一天有多少肢体的接触？这些接触中有多少是横眉冷对、推打责骂？有多少是面带微笑，深情的抚摸，或爱的拥抱？当我问这两个问题的时候，很多父母的面色是凝重的，因为他们吓了一跳，他们发现自己做得更多的是前者。

家是什么？家是一个爱巢。在爱巢里一定要有温暖、有微笑、有爱、有情感的沟通，更要有尊重。尊重孩子有哪些方面呢？

首先，我们要尊重孩子的话语权。中国的父母带着孩子出去，碰见老同学时，往往会有如下情景：

老同学说："好久没见了，上次见你时你还怀着孕呢！现在宝贝都这么大了。宝贝，你叫什么名字？几岁了？"这个时候，妈妈通常会接过话来说："是啊，时间过得太快了，他现在都 8 岁了……"

这里，大人丝毫没有思考孩子的感受是什么，孩子想不想说话。久而久之，孩子就会养成一个习惯，有别人代替他说话，他就不去表达。沟通是人生存发展的基本行为，孩子未来步入社会也找不到一份不用与人打交道、不用和人沟通的工作。所以，当我们和孩子对话时，一定要给孩子表达的权利，当外界向孩子投来问题时，要让孩子自己回答。

其次，我们要尊重孩子的自主权。我发现很多学生都有一个困扰，我把它叫作"选择焦虑症"。如果只有一种选择，他不会有焦虑；如果有两种以上的选择，他就开始焦虑了，问我这个好还是那个好。我帮他分析利弊以后，他还是不能做决定。为什么？因为在他的成长历程中，自己为自己做主、自己选择的机会太少了，他不习惯，所以不自在。

父母应该怎样尊重孩子的自主权利呢？我们要知道孩子在各个年龄阶段的生理和心理特点，他的认知是在什么样的水平，有哪些事情可以自己做主。在日常生活中，我们一定要把这个机会给他，慢慢培养他为自己的事情做主的习惯。

此外，我们还要尊重孩子的利益。我们为孩子所做的一切都应该以孩子的利益最大化为考量标准。史蒂芬·柯维（Stephen Richards Covey）的著作《高效能人士的七个习惯》中有一个概念特别好，叫作“暂停键”。父母的手里应该掌握着这个“暂停键”，当孩子说的话、做的事情激起我们的情绪反应时，我们可以按下这个“暂停键”。这样，理性的东西就会出来，我们就会考虑，怎样回应才是对孩子最有利的，而不单单是宣泄自己的情绪。

当然，我们也要尊重孩子的个性。心理学认为个性是指一个人具有的稳固而经常出现的心理特性，它是独一无二的。世界上有七十多亿人就有七十多亿种个性，每个人都是不同的。所以，我们一定要尊重孩子的个性。如果在你的评估下，孩子的行为不会对孩子本人和他人造成伤害，就请允许孩子按照他自己的方式去生活。当有一天孩子说“这不是我想要的生活”时，你应该高兴，因为他萌发了自主意识，他开始想做自己，也能够做自己了。

第二章

懂科学促学习

 提高思维能力，孩子学啥都“开窍”

孩子上了小学后，家长辅导孩子写作业这件事就逐渐成了很多家庭中破坏亲子关系的“罪魁祸首”。

很多家长之所以特别焦虑，是因为没觉得自己小时候学习这么费劲儿，怎么这么简单的题还要掰手指才能算出来？而且家长一遍遍地教，孩子还是学不会！孩子的“愚笨”让很多家长焦虑又烦恼，担心照这样学习下去，孩子怕是永远也进步不了的。

其实，很多孩子学习上的“问题”，都有有效的解决方法。这些问题并不一定是孩子的智商有限或学习态度不端正造成的，而是与孩子的思维能力有关。思维能力是孩子成长过程中最关键的“底层能力”，只要提高了思维能力，孩子学习上的很多问题就能迎刃而解了。

6~7 岁是学习运用符号的关键期

在小学三年级之前，孩子还处于形象思维阶段，虽然小学初期孩子的抽象思维已经开始萌芽，但形象思维仍然占据主导地位。而从形象思维发展到抽象思维，这个跨度很大，孩子就会遇到很多困难。所以，孩子在学习符号化知识时，例如做数学运算、识字写字时，就会表现出成人无法理解的“愚笨”。

这时我们家长该怎么做呢？家长要理解孩子在学习上遇到的困难，要耐心帮助孩子跨过从“形象思维”到“抽象思维”这道坎儿。我们可以借助实物帮助孩子在形象和符号之间建立联系，帮助孩子更好地理解抽象的、符号化的知识。例如孩子在计算的时候，可以指导孩子借助手指或小木棒等实物来完成计算。

如果跳过“形象化”积累这一过程，直接让孩子对符号进行死记硬背，不仅会增加学习难度，还会让孩子因为困难和失败的体验而降低学习兴趣。

不要制止孩子在算数时掰手指

正是基于孩子的思维发展特点，在他初学加减运算的时候，我们要接纳孩子掰手指计算的行为，因为手指是最易得、操作最方便的“实物”。

即使今后孩子不再需要伸出手来掰手指了，但实际上，每当计算时，“掰手指”这个行为仍然会以飞快的速度在大脑中做出来，也就是在脑海中“掰了手指”。

所以，一开始要允许孩子掰手指，等孩子走稳了形象思维这一步以后，抽象思维的发展才能更顺利。

训练大脑反应速度，提高运算能力

通过“掰手指”，孩子对计算的理解也会不断深入。有一定的数字运算量之后，家长要鼓励孩子逐渐摆脱“掰手指”这种计算方式，因为，一直靠“掰手指”计算确实会影响运算速度，使孩子无法达到老师的口算要求。以小学一年级为例，不同孩子的数学符号运用能力差异非常大。有的孩子因为经过训练已经能运用符号进行多位数的加减法运算，而有的孩子则刚起步，这个差别主要是由没有提早练习造成的。

练习，需要安静的大脑状态。在学习时，孩子需要安静、安全的心理环境。家长要注意孩子学习时的状态，当孩子出错了，家长不妨说：“再想想，再算算。”

练习，需要养成有规律的习惯。例如每天练 5 分钟，或每天练多少道题。

练习，还需要有记录。要记录完成一定量习题所用的时间，或一定时间内所完成的习题量，以及准确率等。假如没有记录，孩子就无法评估练习效果。如果将每天的数据定期绘制成曲线图，孩子的进步就一目了然了。这种方法的效果往往非常明显，孩子越清楚地看见自己的进步，就越有动力练习，成绩自然也就提升了。

孩子从小学一年级开始学习数学符号和基本运算；到四五年级时，学习内容的抽象程度会迅速上升；到了初中时，学习内容对抽象思维能力的要求会更高。当然，有大约千分之一到千分之三的孩子，抽象思维能力是超常的，而绝大部分孩子都是正常发展水平。如果孩子的思维能力基础打好了，对孩子来说，学习就变得没那么复杂，做题速度会变快，正确率会增高，取得好成绩自然水到渠成。

彩蛋来了

在日常生活中，各种车辆随处可见，我们可以利用车牌号码玩一个运算小游戏：车牌 24 点。

车牌上一般有 3～5 个数字，具体玩法是，将车牌上的这几个数字通过加减乘除运算，最后得出 24。数字顺序和运算符号可以随意排列，很多时候算式不是唯一的。父母与孩子比比看，看谁算得又快又好。

让记忆跑赢遗忘

很多小学低年级孩子的家长都反映，学校教的知识并不难，孩子也能学会，但就是很容易忘。那么，这是因为孩子的学习态度不认真，还是因为记忆力太差了呢？想要解决这个问题，我们首先要搞清楚“记忆”和“遗忘”的关系。

学习是一场“记忆”和“遗忘”的赛跑

如果你了解德国心理学家艾宾浩斯（Hermann Ebbinghaus）的遗忘曲线，你就会明白：遗忘是一种必然现象，一般人不可能过目不忘。我们能做的就是利用一些方法，让孩子在学习上的遗忘速度慢一点，忘掉的东西少一点。

根据艾宾浩斯遗忘曲线，如果孩子今天背了 5 个单词，不复习的话，第二天最多能记得 1～2 个，三天之后基本上就忘光了。

学习就像是“记忆”和“遗忘”的一场赛跑，要想让“记忆”赢得比赛，就要给“记忆”加个速，让“遗忘”追不上。

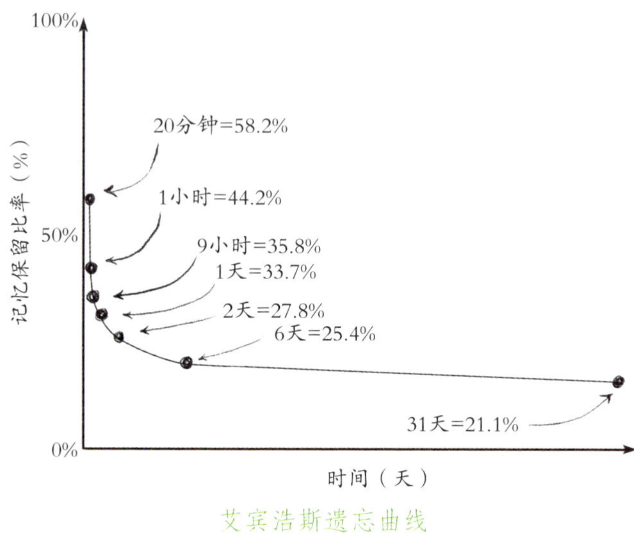

艾宾浩斯遗忘曲线

给记忆加个速

1. 知己知彼，百战不殆

在赛跑时，想要赢，就需要了解对手的特点，并相应地采取正确的战略战术。“遗忘”最大的特点就是先快后慢。所以我们的“记忆”就要保持好自己的节奏，既要有速度，也要有耐力。也就是说，学习后，最初的一段时间里复习频率要高。

在此，推荐一个复习时间表：

复习次数	复习时间点 （从第一次学习后开始计算）
第 1 次	5 分钟后
第 2 次	30 分钟后
第 3 次	12 小时后
第 4 次	1 天后
第 5 次	2 天后
第 6 次	4 天后
第 7 次	7 天后
第 8 次	15 天后

大家千万不要被 8 次复习吓倒，因为第 1 次和第 2 次复习在课堂上就完成了；而后续的第 3 次到第 8 次复习，每次用较短的时间就能完成。有人称这种复习方法为“高频短幅”复习法。这样 15 天之后，在赛跑中“记忆”就赛过“遗忘”啦！

2. 用自己的想象强化记忆

成人主要靠逻辑记忆，而儿童更擅长形象记忆。所以对孩子来说，任何符号化的知识只有在大脑中转化为生动的“形象”，才能记得更牢。

例如背古诗，我们常常有意识地引导孩子通过想象诗中描绘的画面来记忆，但这个画面往往来自我们成人的想象或书本中的插图，这些都是成人形象化加工的结果，孩子未必能够理解或认同。更好的方式是让孩子根据自己对文字的理解，动手画一画，形成他自己的图画记忆，以此来强化对文字的记忆。

3. 用兴趣增强记忆

孩子看他喜欢的综艺节目之后，往往能够非常精准地记住节目中的人和事，靠的就是兴趣。在生活中培养孩子对学习的兴趣，也能增强他们对知识的记忆。

例如将每周新学的汉字做成一张张卡片，和孩子来一场“诗会”——家长和孩子各自用这些字卡组合成创意诗句，比比谁的“诗”更精彩。开动脑筋，和孩子把知识“玩”起来，在兴趣的带动下，记忆效果自然能够远胜平常。

4. 有好心情才有好记忆

有时孩子坐在书桌前，我们对他所学的知识进行提问，却发现孩子一问三不知，但生活中他又能在不经意间显示出惊人的记忆力。这说明，孩子的记忆存储功能没问题，问题出在记忆提取上。也就是说，孩子把信息记在了脑子里，只是用的时候提取不出来。

当孩子情绪低落，或者感到无聊、厌烦的时候，是难以从记忆中提取信息的。这是因为孩子的大脑通道都被负面情绪填满了，无法好好思考。只有当负面情绪得到缓解，“记忆”才能重整旗鼓，走上赛道。

所以，我们要给孩子创造一个轻松的学习氛围，帮孩子保持愉悦的学习心情。

“神童”们超强的记忆本领，是在先天因素和后天因素的共同影响下产生的。当然有天生记忆力好的人，但绝大多数人的记忆力都可以通过后天培养而提高。只要我们在遵循科学规律、尊重孩子的特点的基础上对孩子进行训练，孩子的记忆力就一定会提高。

让阅读变成“悦读”

阅读是一种良好的生活习惯和生活方式，不仅能带给我们知识和技能，还能丰富我们的精神世界。很多家长都很想知道，到底应该怎样培养孩子的阅读习惯。下面我们就谈一谈如何让孩子喜欢上阅读，让阅读变为“悦读”。

兴趣才是阅读习惯的领路人

没有孩子天生不爱阅读。对于刚开始接触阅读的孩子而言，兴趣就是阅读习惯的领路人。在阅读习惯培养的初期，我们可以试试兴趣迁移的方式，即利用孩子已有的兴趣，引导他把兴趣迁移到阅读上来。例如，如果孩子喜欢某一部影视作品，我们就买与这部影视作品相关的纸质书给孩子，那么孩子的兴趣就容易从影视作品迁移到阅读上。用这种方法，我们还可以帮孩子实现从听书到看书，从图文并茂的书到文字书的兴趣迁移。

另一个培养孩子阅读习惯的方法，是带孩子去公共图书馆，给孩子选书的自由。有不少父母在孩子学龄前，会支持孩子选择自己喜欢的书；然而，孩子上学后就开始硬性要求孩子读一些大人们觉得更有营养的书籍。有的父母甚至还要孩子在阅读中锻炼拼音识别、认字等能力。这就是带着功利心强迫孩子阅读。这种做法不仅不能让孩子享受阅读，反而会扼杀孩子的兴趣，甚至会导致孩子厌恶读书。

想要让孩子喜欢阅读，正确的做法应该是买一些孩子喜欢看的书，最好是轻松、幽默、浅显、贴近孩子当下生活的作品，这些作品更容易让孩子体会到读书的快乐。这一点对处于自主阅读起步阶段的孩子尤为重要。

点亮家庭阅读之光

父母的阅读习惯影响着孩子的阅读习惯。如何营造充满书香的家庭氛围呢？

1. 打造家庭阅读的空间

在家里布置一个阅读角，和孩子一起在固定的时间共读。例如把每个周二、周日的晚上定为“阅读时间”，一家人在一起读书。时间不容易固定的家长朋友，可以有时间就和孩子一起看看书，哪怕每次看几页也好，重在坚持。

2. 多采用提问的方式和孩子互动

和孩子一起阅读时，我们可以提很多开放性问题跟孩子进行互动。这些问题可以包括书中的故事情节、知识、孩子的阅读感受，以及与书中内容相关的经验等。只要这些问题没有超越孩子的认知范围和认知能力，我们家长能够和孩子共同探讨即可。例如和孩子共读《流浪地球》一书时，我们可以问："为什么这本书的名字叫'流浪地球'？""书里发生了什么事？""作者是谁？""你喜欢这本书吗？""为什么喜欢？"……通过提问，我们可以引发孩子的思考和兴趣，从而让孩子更愿意阅读。

不过，要做到适时提问、提出合适的问题并不容易。家长可以依据具体情况有选择地讨论某些问题，当然要以能够保持孩子的兴趣为前提。孩子有兴趣的问题可以多讨论一会儿，孩子兴趣不大的问题则可以少讨论甚至不讨论。因为不恰当的问题提多了，孩子会答不上来或者感到无趣，甚至还有可能因此产生焦虑感，最后演变成拒绝阅读。

让阅读不仅仅停留在"读"

阅读分享是促使阅读习惯养成的一剂良药。家长们不妨把自己看到的精彩片段分享给孩子，甚至可以跟孩子一起在所读故事的基础上续编故事。无论孩子续编成什么样，都是在发挥奇妙的想象力。我们应该尽可能配合孩子进行假想，这一过程中，孩子非常有可能将故事细节与自己的生活经验联系起来，做到举一反三，触类旁通。

对于二三年级的孩子，我们可以引导他在阅读后画思维导图，把阅读的内容用结构化、条理化、形象化的方式画出来。我们还可以引导孩子在阅读后画书里的精彩段落。这不仅能提升孩子的理解能力，还能提高孩子的观察能力和创造力。

无论是编故事还是画图画，都要以尊重孩子的兴趣为基础，而不能纯粹为了让孩子加深记忆而强迫孩子去做。

总之，只要让孩子在阅读中反复体验愉悦的感受，孩子阅读习惯的养成也就水到渠成了。

彩蛋来了

为了培养孩子的阅读习惯，让阅读为孩子打好精神底色，我们可以用“阅读存折”来鼓励孩子多读书。

操作步骤：

* 第一步：参考示例自制或者在网上购买“阅读存折”；
* 第二步：填写存折信息，签署开户协议；

阅读存折（示例）				
姓名	方小新	兴趣爱好	阅读	照片
年龄	8 岁	家庭住址	北京	
开户宣言：多一点阅读，多一点收获，多一点成长。				

✷ 第三步：记录每一次阅读的情况。示例如下：

日期	时长	书目	存入（阅读页数）
5月1日	30分钟	《哈利·波特》	10~50页

✷ 第四步：定期对阅读存折进行总结，并给予孩子一定的奖励。比如隔一到两周与孩子一起翻看存折，看孩子读了多少页书，有什么收获，并奖励孩子买更多他喜欢的书。

 给孩子提供自由创造的空间

那些在音乐、绘画、文学、影视和科学等领域取得杰出成就的人，都拥有非凡的创新精神和创造力。那么这些人的创造力是怎么激发、培养和保护的呢？

童年经历会影响终生的创造力

研究发现，一个人童年的经历会影响其终生的创造力。具有创新力的成年人往往在他小时候就表现出不顺从家长和老师的意见，更愿意坚持自己的想法的特点。创新型人才通常是兴趣广泛，具有探索精神的通才。例如：

爱因斯坦（Albert Einstein）小时候，他的妈妈开始让他学习小提琴，但是他并无兴趣，也没有坚持。后来，他偶然听到了莫扎特的钢琴曲，从此便爱上了音乐。爱因斯坦发现，音乐可以帮助思考：在他为广义相对论苦苦思索的时候，小提琴就为他带来了灵感。

给孩子提供自由创造的空间

想要培养孩子的创造力，第一个应当注意的要点不是要为孩子多做什么，而是少给孩子一些束缚。

宾夕法尼亚大学在对比美国最具有创造力的建筑师和最高技能的建筑师的研究中发现：前者的父母在培养孩子的时候重点强调价值观的引导，而具体行为则由孩子自己决定。这样一来，孩子在做事时既能保证大方向正确，又有更多的自由去发挥自己的创造力。

培养创造力的第二个要点是，家长在鼓励孩子追求卓越的时候，要更关心他们在追求过程中的快乐。这样，孩子就会受“快乐体验”的吸引，喜欢上“追求卓越”，从而主动去追求卓越。

如果家长给予孩子正确的价值观引导、足够的自由选择的机会，并允许孩子寻找自己的兴趣，那么这种成长经历就为后来迸发巨大的创造力埋下了种子。

培养孩子创造力的实用方法

1. 以问题回答问题

问题是思维的起点，当孩子问你问题的时候，你可以用另外一个问题来回答，鼓励他自己寻找答案。

2. 为孩子创造“想问”的情境

或许有些父母会问：“如何才能让孩子想问、会问？”要让孩子学会思考并提出问题，一个重要的方法就是创设情境。比如说，父母在跟孩子讲故事讲到一半时，可以通过提问、设置悬念、与孩子讨论等方法，激发孩子想问结局的好奇心，玩猜谜游戏也有同样的效果。在孩子的天性中，原本就有探索这个世界的欲望。因此，只要父母与孩子一起去寻求未知的答案，孩子提出问题的欲望就会不断增强。

3. 允许孩子在学习过程中探索、试错

孩子的学习过程就是不断探索与试错的过程，我们大人总是“追求效率”，急于告诉孩子“应该怎样做”，其实这会破坏孩子的独立思考过程，不利于孩子思考能力的培养。

比如孩子在获得玩具车积木时，他可能会凭借着自己的想象把零件拼成一棵树、一间房子。但如果大人最开始就告诉孩子这些零件是用来拼玩具车的，那么孩子可能就无法再创造出那么多的新玩法。

所以，孩子在玩耍或学习时，要允许他去探索，等他要求帮忙的时候我们再去帮忙。如果孩子没有要求帮忙，那就让我们耐心等待吧。

儿童教育家陈鹤琴先生说：“儿童本性中潜藏着强烈的创造欲望，只要我们在教育中注意诱导，并放手让儿童去实践探索，就会培养出创造能力，使儿童最终成为出类拔萃的符合时代要求的人才。”孩子的思维往往不受约束，他们的想象比大人更

丰富、更大胆，家长应该对孩子的想象加以保护和鼓励，激发孩子无限的创造力。

彩蛋来了

发挥一下你和孩子的创造力吧！

如何用 4 条直线将 9 个点全部连在一起呢？记住，只能用 4 条直线哟！

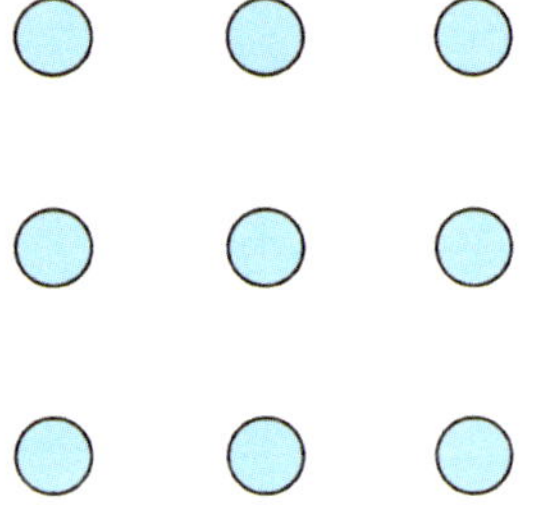

专注力提升的五个法宝

专注力是学习的重要基础能力。孩子上课走神、坐不住、写作业拖拉等问题，通常与专注力较弱有关。从小培养孩子的专注力能为孩子今后的学习打下坚实的基础，提升学习效率。

要想提升孩子的专注力，有以下五个法宝。

法宝一：一心一意，从合理的饮食、睡眠开始

血糖是大脑主要的能量来源。在饥饿时身体会缺乏血糖，大脑便不容易专注。而吃了含高碳水化合物的食物后，体内血糖迅速升高，人会犯困；加上大量血液来到消化道，会让大脑因供血、供氧下降而感到疲惫，这也会导致不能专注。正因为血糖对我们的专注力影响极大，我们要少吃含糖量高的食物，多吃蔬菜、水果、坚果、乳制品、高蛋白肉类等可以缓慢释放糖分的食物，以保证更加稳定的精力和注意力。

睡眠是身体主动的修复过程，是人类最重要的精力恢复来源。多项研究表明，包含专注力在内的思维能力，会随着睡眠不足而衰退。所以，我们要保证孩子的睡眠时间，并且尽量让孩子在晚上 10 点之前入睡。

法宝二：整齐的场域是专注小孩的最爱

场域是指包含大量行为线索的环境，这些行为线索能激发特定的行为。例如，人们会在卧室睡觉，在客厅看电视，在图书馆看书等。 孩子对场域很敏感。假如房间里乱成一团，再加上家里其他人说话的声音和电视的声音，孩子要想专注就需要抵抗这些环境干扰。而大脑总会先感受到这些干扰信息，然后再努力去抵抗这些干扰信息，因此孩子的注意力便容易转移。

所以我们要想培养孩子的专注力，就要给孩子提供一个安静、整洁、有序的环境，一个适合专注的场域。

法宝三：体育锻炼可以有效促进专注力的发展

体育运动能改变儿童的专注度。运动会促进体内肾上腺激素和多巴胺的释放，这两种激素是注意力调控的核心要素。长期运动会提升心肺功能，给大脑提供充足的氧气，提高个体的认知控制能力。孩子需要在小时候多运动，来满足大脑的发育要求，掌握身体的控制能力。现在的孩子经常沉浸在电子游戏中，户外运动不足，导致肌肉耐受力差，伴随而来的是身体容易疲劳，专注力下降。

所以，多让孩子参加一些他喜欢的体育运动，如需要操作技巧的跳绳、球类运动等，能增强孩子的身体协调能力和肌肉力量感，这样一来，孩子专注力的增强就是一个自然的结果。

法宝四：别让负面情绪拖累了专注

如果我们认真观察孩子，就会发现孩子在平和的情绪状态下，能更好地完成学习的任务，而且会表现出非凡的专注力。如果孩子在学校经历了不顺心的事情，作业又多又难，或者家长的教育方式不恰当，孩子就会出现负面情绪。当孩子产生负面情绪时，大脑的精力都将消耗在平复负面情绪上，注意力水平便会随之降低。

所以我们家长尽量不要做孩子负面情绪的来源。当孩子因外界因素产生负面情绪时，要耐心地跟孩子共情，引导孩子说出自己的情绪，并和孩子一起思考解决问题的办法。

法宝五：让孩子一次只做一件事

人的注意资源是有限的，把注意力混乱地分配在不同的事情上面，会严重消耗注意力。很多孩子做事没有条理性，分不清轻重缓急，总是想起什么做什么。我们可以教孩子列出需要完成的事项清单，并把那些重要的、紧急的事情写在清单的前面，然后按照清单，一次只做一件事。比如我们可以跟孩子限定 10～15 分钟的时间来专注做一件事情。这样的训练可以劳逸结合地每天进行多次，比如完成 10 分钟的任务，休息 3 分钟；完成 15 分钟的任务，休息 5 分钟……这样循序渐进，孩子的专注力就会像肌肉得到锻炼一样，变得越来越好。

信息过载的时代，我们的注意力已经被瓜分得七零八落，家长需要理解孩子，更需要做一些能够帮助孩子提升专注力的事情，进而让孩子拥有专注的习惯和品质。

彩蛋来了

基于文中分享的培养专注力的五个法宝，我们家长可以做些什么呢？来填一填，并和孩子一起付诸行动吧。

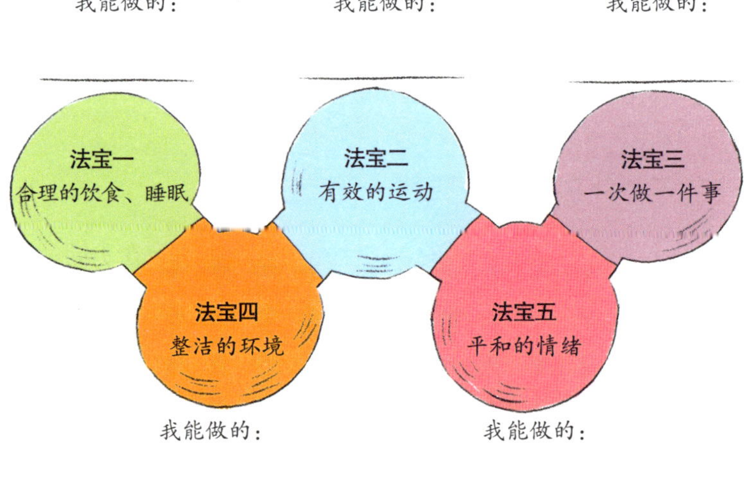

让孩子在体育运动中得到快乐

运动的好处非常多，可以让我们更健康，更自信，更有活力，更有魅力……可是有些孩子就是喜欢宅在家里，真是愁坏了爸妈！如何才能让孩子爱上运动呢？

让孩子爱上运动

1. 让孩子自主选择运动项目

想让孩子有好的运动习惯，首先要培养孩子的兴趣。当孩子选择运动项目时，我们可以充分尊重孩子的意愿。当孩子对“让身体动起来”这件事产生兴趣后，那么任何一种运动项目他都会想去尝试，至少不会再抵触。不论是什么运动，都可以锻炼人体的肌肉力量和身体的柔韧性。

2. 让运动变得有趣

将运动任务化是最快速扼杀孩子运动兴趣的行为。

如果想引导孩子运动，我们完全可以将运动变得有趣，让孩子愿意主动去玩。以跳绳为例，我们可以这样做：

（1）让孩子自己选择他喜欢的绳。心理学上有一个“自我决定理论”，是指做自己选择的事情时，会更有动力。也许跳绳这个活动不是孩子自己选择的，但如果绳由他自己选择的话，也能增强他的跳绳动力。

（2）让孩子观看趣味的跳绳视频。观看一些花样跳绳视频、精彩的跳绳比赛视频，能激发孩子的好奇心，同时也可以让孩子觉得“通过练习，我也可以做出这些‘酷炫’的动作”。这就是通过目标来激发孩子练习跳绳的动力和兴趣。

（3）允许孩子“不认真”。可能有的孩子在练习之初不够认真或动作不够标准，如果此刻批评孩子，无疑是对他的跳绳兴趣泼了一盆冷水。不妨允许他们用自己的方法玩，先来享受“自娱自乐”的乐趣；等孩子适应了跳绳以后，再引导他练习正确的跳绳动作。

3. 找到一起运动的伙伴

一个人的体育运动难以坚持，一群人的体育运动充满乐趣。这是因为大家一起锻炼时会交流沟通，这样的社交属性会提升人们锻炼的动力。或者说，锻炼提供了一个供人们互相交流的平台，让一起锻炼的人形成了一个有归属感的群体，因此大家都会有更强的动力去锻炼。

这个方法同样适用于孩子。如果能让孩子找到几个愿意一起练习的小伙伴，那么他们会更愿意去运动。如果没有办法找到志同道合的小伙伴，家长也可以是孩子最好的伙伴。需要注意的是，孩子需要的是伙伴，所以家长不要总是抱着挑错和指导的心态来陪伴。

让孩子在运动中获得成就感

如果去询问那些不爱运动的孩子“为什么不爱运动”，我们会发现，他们不爱运动的原因是“运动能力比不过别人”或者“在运动中体会不到成就感”。所以，帮孩子在运动中获得成就感，是让孩子爱上运动的重要一环。我们可以通过记录孩子运动前后的变化来鼓励他：“你看，你现在比之前跑得更快了！最近的锻炼真的很有效果！……看到你变得更结实了，妈妈真的很高兴！”

在家长的鼓励下，孩子会认识到自己好的变化，感受到运动带来的成就感，这样他就会更喜欢运动啦！

第三章

懂特点促习惯

从小朋友到小学生

从幼儿园到小学，孩子要经历作息变化、环境变化、人际变化、学习方式变化等各种变化。在孩子适应新角色的过程中，家长和孩子都会遇到各种各样的困扰。我们可以通过培养“三个意识”，来帮助孩子实现从小朋友（这里指学龄前儿童）到小学生的跨越。

强化规则意识，适应环境转变

在幼儿园里，孩子所处的学习环境是自由、轻松的，而小学教育属于义务教育，具有“强制性”“普及性”的特点，为了实现让学生成长、成才的目标，学校会制定更多、更严格的规则来保障教学工作的正常进行。这就意味着小学生面临的是一个在主动性和意志力方面的要求更多、有一定压力的环境。

如果家长过度宠溺孩子，导致孩子规则意识薄弱，孩子上学后往往很难适应学校生活，不仅不能达到学校的要求，还会遭到同学嘲笑，处处不受欢迎。

小学生适应这种环境既不简单也不轻松。因为他们最初遵守规则是被动的，是为了避免受到批评和惩罚才遵守的。而对环境的真正适应，则是主动地遵守学校的规则，是在理解规则的基础上进行的自我约束。

如果孩子不能很好地理解某个规则为什么被设立，他就不能从心理上接受规则，还会想方设法找规则的漏洞，进而做出违反规则的事。其结果，轻则孩子被批评，重则引发校园安全问题。

所以，家长在要求孩子遵守规则时，要给孩子解释设立规则的原因和必要性，让孩子意识到，规则是为了保护自己、而非为了限制自己而存在的。

培养任务意识，应对学习方式的转变

幼儿园一般采用的是玩、学、做相结合的游戏教学方式，而小学则多是一节课 40 分钟、一天 6 节课，以听老师讲课为主的课堂教学方式，并且课后孩子们还需要完成作业。这就要求孩子上课时一定要能够听懂老师布置的任务与发出的要求，如此孩子才能跟得上学习进度。

这时候，孩子是否具有任务意识，就显得尤为重要。

所谓任务意识，是指孩子能有意识地听从老师的指令，记住老师的要求。刚上小学的孩子，任务意识还比较弱，他们常常错过或忘记老师的重要指令。比如老师布置作业的时候没有听到，或者听了没当回事，很快就抛在了脑后。

这时家长要做的不仅仅是每次在家长群里询问作业，然后让孩子完成；更重要的是想办法培养孩子的任务意识，让孩子能够自己记住每天要完成的任务。

为了培养孩子听懂任务的能力，家长可以采用“听故事、回答问题”的方法。也就是，孩子在听完家长讲的故事之后，必须回答家长提出的相关问题。这就要求孩子必须听得很认真。这种方法能够训练孩子听课时捕捉任务的能力。此外，家长还可以采用“听动转换”的方式，即事先告诉孩子，听了故事之后要按照要求做一件事情，这样可以训练孩子有意识地来记忆听到的内容。

有的孩子总记不住作业，这时，家长不妨为孩子准备一个专门用来记录作业要求的本子，教孩子把老师布置的作业记录下来。记录时，如果有不会写的字就用拼音代替，或者用简单的图画表示，只要孩子自己能理解就可以了。

总之，家长要让孩子知道，他每天是带着任务去上学的，在课堂中要紧跟老师的节奏，听懂并记住老师布置的任务，并好好完成。

激发责任意识，让孩子对自己的学习负责

孩子处于小学低年级的时候，家长常常包揽了太多本该孩子自己做的事，这样会削弱孩子的责任意识。

有的家长喜欢给孩子当拐杖，孩子渐渐习以为常。比如家长喜欢替孩子收拾书包，替孩子检查作业，甚至是替孩子完成手抄报及其他手工作业等，久而久之，孩子也就习惯了在这些事情上依赖家长。

当家长感到没精力管孩子或者没能力辅导孩子时，再去要求孩子自主学习，对自己的学习负责，这时候孩子一方面不愿意，另一方面也不知道怎样自主学习，怎样对自己的学习负责了。

引导孩子学会对自己的学习负责，首先要培养孩子“自己的事情自己做”的习惯。在家里自己的事情自己做的孩子，在班级里，一般都能紧跟老师的节奏。

所以，从小学一年级开始，家长就要从生活小事上激发孩子的责任意识，进而培养孩子对学习的责任意识，让孩子把学习当成自己的事去安排、去负责。例如，让孩子自己安排写各科作业的顺序，写完的作业自己先检查一遍，睡前自己收拾书包、书桌、文具等。

需要注意的是，在孩子独立做事的时候，家长不要根据自己的标准去评判他，也不要强迫孩子按照我们的想法和方法去调整行为。因为这会打击孩子的主动性，削弱孩子为自己负责的意识。我们家长只要给出适当的建议就好。

 陪写作业也可以“母慈子孝”

小学低年级孩子一般都是在家长的陪伴下写作业的，但是很多时候，家长会发现孩子写作业的习惯非常不好、要么催促半天，却一个字都没写；要么潦草应付，连最简单的题都做错；要么注意力不集中，一会儿发呆，一会儿抠橡皮。在陪孩子写作业的过程中，家长的耐心受到了前所未有的挑战，内心的火山随时都可能喷发。网上常有家长发出感慨：“现在的孩子太难带，陪孩子写个作业简直要逼疯父母。”

观察自己日常陪写作业的状态

很多时候，我们以为我们是在陪伴孩子，可其实是在“监视”孩子，只关注孩子各种不好的行为。家长可以试着把自己陪孩子写作业的日常互动录制下来，看看自己是不是扮演着大灰狼的角色，常常这样吼骂像小白兔一样的孩子：

“我都叫你三遍了，还不赶快去写作业！”

“分明是加号你却当成减号算，你到底有没有认真看题？！”

“半个小时了你才写这几个字，又在磨叽啥？！”

陪伴就是陪同做伴。小白兔为什么最喜欢小灰兔的陪伴？因为小灰兔能伴随小白兔的节奏和思维，一起做需要完成的事情。但现实中家长扮演的是大灰狼的角色，总是揪着孩子的错误不放，负面情绪频发，不停地打断孩子。学习是一个持续的思维过程，家长的打断，使孩子不能保持思维的连贯性。所以孩子会更难专心写作业，甚至出现鸡飞狗跳的场面。

“母慈子孝”有妙招

陪写作业也可以“母慈子孝”，前提是我们采取正确的方法。试试下面的“慈父（母）言行”吧！

写作业环境	保持桌面整洁，没有学习用品以外的诱惑物。让家里其他人都忙自己的正事儿，而不是玩手机、看电视等
写作业前	让孩子提前做好准备，完成吃零食、喝水、上厕所等琐事后，拿出作业和文具
	让孩子确认作业清单，自己决定完成作业的顺序。把需要家长帮助完成的作业放在最后
写作业中	不主动打断孩子。当孩子要停下作业干别的事情时，要温和提醒孩子：“现在是作业时间，写完作业再做别的。”
	看到孩子走神了，轻拍孩子的肩膀或者带着期望和信任的语气对孩子说“作业时间哦”，拉回孩子的注意力

但是，有的家长可能会有这样的疑问：“要是不说教也不惩罚，孩子真的就完不成作业了，那该怎么办？”

正面坚持，积极期待

如果孩子真的抵触，不肯去做本来应该完成的作业时，我们需要正面坚持。

我们坚持，是因为作业这个任务本身是客观的，孩子必须做到；如果孩子不愿意做，就坚定地要求孩子做。

而正面坚持就是在我们充分理解孩子的基础上，对孩子有正确积极的期待，在内心不冲突、不带负面情绪的情况下对孩子提出要求。这样做不仅会让孩子在完成作业的时候有胜任感（自我价值感），其内在的能力也会增长。

我们惩罚孩子，一般是因为我们认为孩子是错的，孩子的态度有问题，一定要采用责骂或惩罚的方式，孩子才能悔改。然而这种惩罚会给孩子带来内在的敌意。在被惩罚的情况下孩子完成任务是被迫的，是不自愿的。

教育心理学家马歇尔·卢森堡（Marshall Rosenberg）曾在《非暴力沟通》一书中提出，如果家长在强制要求孩子做某事的过程当中没有采用暴力的行为，孩子就会看到做这件事的必要性，从而愿意主动去做。

保持平和是关键

近几年，“作业焦虑综合征”是“刷屏”级别的话题。家长陪写作业的过程中出现的亲子矛盾，已经成为许多家庭幸福指数下降的原因之一。尽管很多家长能够在事后的自我反思中意识到打骂等教育方式给孩子带来的消极影响，但下一次依然控制不住自己的情绪。

值得注意的是，研究表明，家长的责骂与孩子的成绩有着密切的关系：打骂行为突出的家庭，孩子的成绩也相对较差。

在陪写作业、辅导孩子的过程中，家长的催促、唠叨甚至暴力行为，都会让孩子对做作业越来越缺乏主动性。

对于情绪经常失控的家长，建议试试简单易行且有效的“十秒钟暂停法”，即自己数十个数，深呼吸平复一下情绪，或者直接转身离开现场，去做别的事情。总之尽量避免因不恰当的表达方式进一步激化和孩子的矛盾。

其实对于低年级的孩子来说，家长现在的“陪”，是为了以后的“不陪”。家长这个“陪”的重点在于帮助孩子打好自主学习的基础，养成好的学习习惯。而提高陪伴质量的关键在于营造温暖和谐的家庭氛围，家长应该尊重孩子，了解孩子学习上的困难，对孩子多一些包容和理解，并懂得从合适的渠道释放情绪。祝愿各位家长早日迎来“不陪”的那一天！

彩蛋来了

当你觉得自己情绪要失控的时候，不妨深呼吸十秒钟，平复一下情绪。练一练，效果看得见！

别让“马虎”来“背锅”

如果孩子做错了一道简单的数学题，我们可能会批评孩子“你太马虎了”，孩子也可能会说“这道题没做对是因为我太马虎了”。在生活中，我们总爱把错误全部都推到“马虎”身上，但其实“马虎”真的很冤枉。

马虎不是犯错的原因

其实，马虎不是导致错误的根本原因，而是其他因素导致了马虎和错误。导致马虎的四大原因如下：

态度问题	觉得题目简单或做过而轻视，觉得差不多就行
注意力问题	注意力不集中（被干扰、心不在焉、一心二用），分辨细节能力不足（如难以区分 b 和 d）
学习能力问题	知识点掌握得不扎实，对题目的理解有偏差
做题习惯问题	跳跃式审题，着急答题，不打草稿，做题后不检查

通常我们一提到“马虎”，就会将它和“不仔细”“粗心大意”等联系起来，也就是将马虎归结为态度的问题。如果偶尔出现一次在简单问题上犯错的情况，确实可能与当时的做题态度有关，下次做题时，吸取教训，仔细一点就好。但如果经常出现这类问题，那么这个马虎就不只是态度问题了，同时还可能是学习能力或学习习惯的问题。

比如，有这样一道题：“子豪比天天多了 12 元钱，谁的钱多？”如果孩子回答“天天的钱多”，理由是题目中说“天天多了 12 块钱”，那么孩子的这个错误就不是因为大意看错题了，而是对题目的理解出现了问题，不懂“比较”的逻辑。

告别马虎的“三步曲”

首先，不再用马虎做理由。如果总是和孩子说“不要马虎”，孩子就会认为自己的错误只是因为不认真，只要下次认真一些就没问题了。但是这样一来，孩子就容易忽略造成错误的真正原因，比如知识点不熟等。这就可能导致下次孩子“认真”做题的时候，依然不能回答正确。

其次，寻找做错题的原因。孩子做错题是因为误解了题目意思，还是因为读题太快而没能正确理解题干？是计算时步骤不对，还是计算法则没记牢？可以让孩子将错题再检查一遍，然后和孩子聊聊做题思路，看看到底哪一步做错了。

如果经过检查孩子还是没能把错误找出来，那多半原因是对知识的掌握不扎实或者对题目的理解不准确。

家长要注意的是，我们和孩子一起分析考卷的目的是寻找原因，帮助孩子解决问题，而不是为了批评孩子。所以家长要试着用一种探讨新奇的事的态度来和孩子聊：“这道题为什么会做错？”而不要夹杂许多“这里怎么能出错呢？”等隐含批评意味的话。

最后，家长要帮助孩子找到解决问题的方法，在给孩子建议时一定要具体到怎么做。比如，如果孩子是因为读题过快以至于忽略了重要信息，我们就不能只简单地告诉孩子“要认真、读题要慢”，还要告诉孩子如何认真，如何慢慢读题，如何抓住重点，比如手指跟读、重点词画线等。

彩蛋来了

和孩子一起数一数下列数字中有多少个 5，看看谁数得又快又准！数完后，再数数有多少个 2 和多少个 7 吧！

32797	62185	43255	17246
77468	25234	99245	74678
58442	23965	65417	85239
21548	62593	37454	84512
75846	98412	35845	88796

解决拖拉的办法

很多家长一看到孩子拖拉磨蹭，就会本能地催促孩子，或者向孩子怒吼。但是，家长费力地催促与吼叫并不能从根本上解决问题。那么，如何帮助孩子改掉拖拉的习惯呢？

检视家庭环境，让生活更有条理

有些孩子做事拖拉，根本原因在于家庭环境的影响和父母教育方式不当。如果我们给孩子创造一个井然有序的生活环境，孩子做事也能方便顺畅很多。除了整洁、有条理的物品摆放及规律的作息，我们还可以从刷牙、穿衣、吃饭等小事入手，培养孩子的秩序感和条理性。

另外，家长也要从自身的家庭教育方式上找原因，检查自身是否也有做事拖拉的毛病。在孩子面前，要以身作则，给孩子树立良好的榜样。

建立时间观念，让孩子承担后果

很多成年人也有拖拉的毛病。不同的是成年人有时间观念，会衡量拖拉带来的后果。因此即使最后才做重要的事情，也会想方设法把事按时做完。而小学低年级的孩子由于大脑发育还不成熟，时间概念不强，在时间安排上容易以享乐为先，其结果往往是没有充足的时间去做重要的事情。

怎样帮助孩子建立时间观念呢？以写作业为例，家长在陪伴孩子做作业时，可以和孩子一起记录完成某项作业需要的时间。一段时间后，孩子就能慢慢意识到自己在一定时间内能够完成的任务量。之后，我们就可以跟孩子约定一个固定的写作业的时间，而且一旦定下来就严格执行。如果孩子没有在规定时间内完成作业，而且没有什么特殊原因，孩子就要承担相应的后果，比如被老师批评等。

不做“越界”家长，帮助孩子提升能力

在很多家庭里，孩子就是中心，孩子的衣食住行全依赖家长。有的孩子起床动作慢，穿衣、穿鞋都需要家长帮忙，到了学校跟不上课堂节奏，找个笔和本也要慢半拍，写字也比别的孩子慢。孩子的这些问题与他在家里缺乏动作训练有关。而最好的训练方法就是让孩子自己的事情自己做。家长对孩子的生活大包大揽，往往导致孩子动作不利索，跟不上学校生活的节奏。

当我们督促孩子认真学习时，总是希望孩子作业写得又快

又好；有时，当孩子很快完成了作业，时间还早时，家长又会给孩子增加新的任务。家长这种苛刻或不合理的要求也会导致孩子的磨蹭。

总之，催促不能解决拖拉的问题，孩子拖拉的背后是有原因的。只有对症下药，我们才能解决孩子的拖拉问题。

彩蛋来了

不少家长为孩子的拖拉磨蹭而头疼，试着填写下面的表格，觉察自己的应对方法，看看能怎样改进。

孩子的行为表现	
行为背后的原因	
曾经的应对方法	
给孩子带来的好处	
我们做了哪些妥协	
可行的新方法	

认识钟表，更要感知时间

认识时钟是小学一年级学生必须掌握的重要数学知识。但孩子学会看表就能管理好时间吗？并不一定。

时间是抽象的，孩子不能准确感知它的长短

在小学阶段，孩子要经历从形象思维到抽象思维的发展过程，小学低年级与小学中年级的孩子仍以形象思维为主。他们对直观形象的事物的感知能力更加准确，但对时间等抽象概念却不够敏感，这也是为什么低年级与中年级的孩子容易拖沓或沉迷于某件事物（例如看电视、玩游戏等）的原因。

有研究者让不同年级的小学生估计“1 分钟”的长短，一年级孩子的平均估计数为 11.5 秒，三年级孩子的平均估计数为 24.8 秒，五年级孩子的平均估计数为 31.1 秒。

家长要理解孩子所处的年龄对其能力的限制，不要过分批评孩子，不要轻易给孩子贴上“拖拉”“懒惰”的标签，而应帮助孩子训练对时间的感知能力，让他们学会管理自己的时间。

时间感知两阶段

孩子从不知道做一件事情需要多久，到能够相对准确地估算出所需时间，一般需要经历两个阶段：

	达成方式	认知结果
阶段一 记录时间	记录做一件事情花费的时间	逐渐将做事过程中对时间的主观感受与客观数字结合，在大脑中形成对时间长度的知觉
阶段二 校准时间	做事之前估算所需时间，完成这件事后与实际耗时做比对	根据实际耗时与估算时间的差异，慢慢调整对时间的感知，减少估算误差，提高感知时间的能力

家长可以给孩子准备一个时间记录本，让孩子从日常小事中选择一件，认真记录每次花费的时间。例如，吃饭用了多长时间，写数学作业用了多长时间等。一段时间后，可以让孩子尝试对这件事情需要花费的时间进行预估，孩子一开始还不能估计得很准，但只要坚持练习，估算时间的准确性会提高。

时间感知巧培养

日常生活中，家长还可以经常跟孩子玩一些时间小游戏，从而提高孩子对时间的敏感性和知觉能力。

例如：

* 和孩子讨论“1 分钟”能完成什么。叠 10 件衣服？完成 20 道数学题？洗 5 只碗？做 30 个蹲起？然后试一试，看看估算得准不准。

* 计时 5 分钟，让孩子来动笔写字，看看能写多少个字。再试试从家出发，走路 10 分钟能走到哪儿。

* 在给孩子讲故事，或者在孩子自主阅读的时候，选择长短不同的故事，让孩子慢慢感觉时间的长短。

彩蛋来了

怎样才能让孩子更自觉、更清晰地合理安排时间呢？参考下图，与孩子一起动手制作一个时间规划表，帮助孩子学会感知与规划时间。

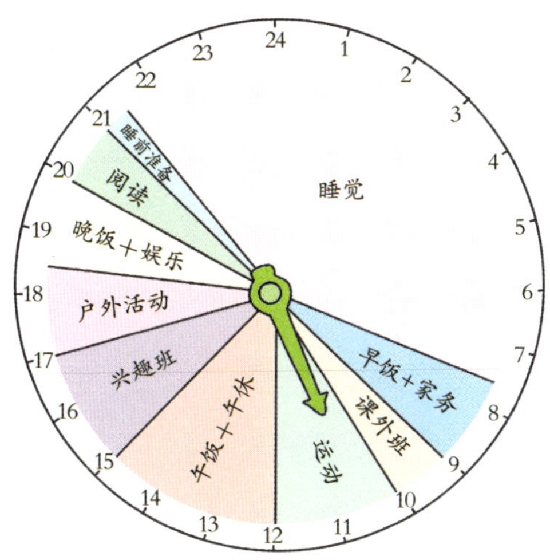

物料准备：

* 直径为20厘米左右的圆形硬纸板；
* 记号笔和油画棒；
* 直尺。

制作步骤：

* 第一步：用记号笔在表盘上标出24个整点时间的位置；
* 第二步：用记号笔写上从早到晚做的每一件事并标出对应时间；
* 第三步：用油画棒在不同的时间区域内涂上不同的颜色进行区分。

制作完成后，让孩子看看他每天学习（包括上课外班、阅读等）的时间有多少，玩（包括运动、娱乐等）的时间有多少，有多少时间被浪费了，在哪些事情上可以节省时间，等等。最后，家长引导孩子来思考：如何优化时间，让每一天过得既充实又快乐。

家长少控，孩子自控

心理学界著名的棉花糖实验表明：孩童时期自控力的大小，对一个人的未来有着极大的预测价值。追踪观察显示：自控力强的孩子，在以后的人生中通常表现更出色，学习成绩也更好。

因此，学前和小学阶段一个重要的教育目标就是培养孩子的自控力。

让孩子学会等待，抓住日常小事教孩子自控

孩子的自控力体现在日常生活的小细节上，比如面对心爱的礼物，是否等不及去拆开；在家庭聚会上，是否等不及吃蛋糕等。很多情况下，年纪较小的孩子很难耐心等待和自控。

所以家长一定要提前和孩子说清楚他们为什么需要等待。家长要理解孩子的渴望，要帮助孩子转移注意力，而不是告诉孩子“如果忍不住，就不是好孩子”。此外，家长还可以给予

能够等待和自控的孩子适度的奖励。如果家长曾承诺对孩子的等待作出奖励，就一定要信守承诺。

进行行为分类，减少自己的管控

有些家长认为自己孩子身上需要改正的毛病太多，以至于无从下手，都不知道该怎么办。这里给大家分享一个行为分类标准，以及每类行为的应对方法。

分类	举例	如何应对	自我觉察
可以忽略的行为 看上去有点烦人，但是其实不会有什么严重后果的行为	抖腿、在家里不穿鞋、偶尔吃饭时撒饭等	忽略，不再指责孩子的此类行为	如果自己不能忽略，那么自己担心的是什么？担心的情况会发生吗？
需要鼓励的行为 我们期待孩子做，但是孩子不一定总能做到的行为	每天刷牙、专心吃饭、自己收拾书包、每天阅读半个小时、保质保量完成作业等	以身作则，当个好榜样；拆分目标；把任务变得更有趣；多多鼓励和表扬	我们平日在家里，给孩子树立榜样了吗？
需要停止的行为 伤害自己、伤害他人或者破坏环境的行为	打人、咬人、对别人很粗鲁、发脾气的时候摔东西等	冷静地叫停或阻止，少说教；如果孩子做不到，就要坚定地让他承担后果	自己提醒孩子的方式是合适的吗？孩子可能会有什么感受？

抓大放小，给孩子更多的自由

值得注意的是，我们对孩子的行为进行分类，是为了“抓大放小”，也就是接纳孩子烦人但不严重的行为。比如，孩子光脚丫在屋里跑是烦人却不严重的行为，生气摔东西则是需要制止的行为；但如果我们对光脚丫和摔东西的反应是一样的，都采用批评制止的方式，孩子就会觉得处处受到限制。

孩子处处受到我们的管控，也就失去了自控的机会。而如果我们忽略那些烦人却不严重的行为，孩子就能得到更多的自由，也会有更多精力去践行那些需要鼓励的行为，去克服那些需要停止的行为。

允许犯错，在体验中训练孩子自控

孩子年纪还小，犯错误在所难免。让孩子体验犯错之后改正言行的过程对孩子来说是必要的，也是有益的，这也是对孩子自控能力的训练。正如爱因斯坦所说：“谅解也是教育。”懂得宽容的父母不仅仅是孩子的良师，更是益友。

当孩子犯错的时候，家长可以和孩子一起探讨犯错的原因，以及怎样做才是最好的选择。如果家长允许孩子犯错，给予孩子更多的正向引导，孩子就会在错误中汲取经验，不断地重复那些值得鼓励的行为，改正自己的不良行为。慢慢地，家长由外而内的引导，就会转化为孩子由内而外的自控力。

彩蛋来了

回顾近一个星期和孩子之间的互动，与孩子一起讨论并制作一个“行为分类冰箱贴”吧。

操作步骤：

* 第一步：找个合适的时间，坐下来和孩子聊一聊最近对他的行为的观察和思考；
* 第二步：问问孩子对家长的反馈有什么感受；
* 第三步：和孩子一起对他的行为进行分类，并商讨出新的互动方式；
* 第四步：贴在冰箱或者其他方便看到的地方，提醒家人一起做到；
* 第五步：试行1~2周后，总结并调整冰箱贴的内容。或许，你会发现亲子冲突变少了，自己也不那么焦虑了。

分类标准	孩子的行为	家长如何应对
可以忽略的行为		
值得鼓励的行为		
需要停止的行为		

第四章

懂心理促成长

 情绪失控的孩子，正在向你求助

生活中有很多家长因为孩子脾气大而苦恼，打也打过，骂也骂过，道理也讲过，软硬兼施，却还是不能阻止孩子闹脾气。然而，家长不知道的是，很多时候，孩子其实并没有无理取闹。在孩子发脾气的背后，隐藏着许多家长并未察觉的小秘密。

需求没有得到满足是情绪失控的根本原因

每个人的情绪都不是平白无故产生的，孩子发脾气的背后总有原因。

大多数情况下孩子的哭闹或吼叫并不是无理取闹，而是因为他们的需求和情感没有得到满足。他们不知道怎样将心中的委屈和气愤用更合适的方法表达出来，无可奈何之下，只能使用不恰当的方式进行宣泄。

比如，孩子很认真地写完了作业，而妈妈在检查时却指出了许多错误，这时孩子就很容易闹脾气，不愿意配合修改。为

什么孩子会闹脾气呢？

这是因为7～9岁的孩子已经有了强烈的自我意识。他们觉得自己很辛苦才完成作业，想要获取家长的肯定。但这样的需求没有被满足，不仅没有得到妈妈的鼓励，反而受到批评。孩子内心会非常不满，但是他们不知道如何表达自己的不满，所以会通过闹脾气这样的方法来宣泄。

帮助孩子表达情绪是平复孩子情绪的最好方法

1. 允许孩子表达情绪

允许孩子表达情绪是帮助他们学会控制情绪的第一步。很多时候我们因为烦躁，所以会用训斥的方式让哭闹的孩子尽快安静下来。只是如此一来，孩子的情绪可能只是暂时被压抑了下去，下次再有类似的事情发生时，孩子还是会哭闹，甚至会“变本加厉”。因此，训斥这种方法治标不治本。

当孩子哭闹的时候，家长第一时间要做的不是训斥他、制止他，而是允许孩子发泄，让他把心中的不愉快都充分地表达出来。这样会让孩子感觉到我们并没有站在他的对立面，而是愿意倾听他的意见、理解他的感受。之后，当我们再循序渐进地告诉孩子自己的意见时，孩子就会更容易听进去。

当然，如果孩子表达情绪的方式会伤害自己或他人，比如摔东西，我们就要及时制止了。我们可以试着抱住他，抚摸他的后背，让他冷静下来。

2. 描述孩子的情绪

我们要学会用合适的词语去描述孩子的各种感受。当我们用语言帮孩子说出他们的情绪时，相当于帮孩子把一种无形的、恐慌的、不舒服的感觉转换成了具体的语言。研究表明，多数孩子都会在父母描述出他们的感受时有良好的回应。描述情绪会对大脑神经有安抚的作用，帮助孩子较快地从负面情绪中解脱出来。

我们可以说：

我能感受到你很失落（或烦躁、担心、害怕等）。

你看起来好像很生气，能告诉我是什么让你这么生气吗？

我知道你很难过，是因为你最喜欢的玩具被摔坏了吗？

我感觉你现在很不高兴，是因为妈妈没表扬你，所以委屈吗？

3. 告诉孩子表达情绪的正确方式

帮助孩子控制情绪，除了上述的方法之外，我们还需要告诉孩子如何用正确的方式来表达自己的情绪。

比如我们可以对他们说：

我知道你刚才很生气，下次你再生气时，可以直接和妈妈说："妈妈，我很生气，因为……"这样妈妈就知道你不满的原因了，不需要大吵大闹。

当你不开心时，你可以直接和我们说："我不开心，我想要妈妈安慰我。"这样妈妈就会安慰你的，好吗？

但是对于原则性的问题，家长必须要“狠心”， 必须让孩子明白他可以生气，可以宣泄情绪，但有的行为就是不能做。家长应该从小教导孩子多反省，多体会别人的感受，适当克制自己，不能为所欲为。这也是在给孩子传递一个信息：有时，光发脾气是没有用的，重要的是想办法解决问题。

总之，只有让孩子的情绪得到宣泄，尊重孩子的感受，孩子才能更好地管理和控制自己的情绪。当孩子发脾气时，真正考验的是父母。此时，爸爸妈妈一定要耐心再耐心，看到孩子发脾气背后所隐藏的真正需要，陪孩子一起正确地宣泄和控制情绪。

彩蛋来了

让我们玩一个情绪模仿游戏吧！家人之间互相模仿对方在不同情绪下的样子，让对方看一看，他在情绪中都会有怎样的言行。模仿后，每个人谈一谈自己的感受。

游戏规则：

* 第一步：想象一下，日常生活中，对方在生气、伤心、高兴、烦躁和放松时的样子，要包含表情、语言和动作；
* 第二步：互相模仿，当一方模仿时，另一方要认真观看；
* 第三步：模仿结束后，互相聊聊感受。让孩子谈谈他在模仿家长时的感受，家长也谈谈在看到孩子的模仿时的感受。

让孩子找到自信

孩子的自信不是自发养成的，也不是家长能够单向塑造的，而是在孩子与家长的互动中产生的。

正向看待孩子

如何看待自己，觉得自己是怎样的人，是决定孩子自信心的关键。在懂事之后，孩子会通过与他人互动的点点滴滴，逐渐形成自我认知。这也就是说，孩子的自我认知中很重要的一部分是来自他人的评价。

在小的时候，孩子几乎会全盘接受爸爸妈妈的话。因此，爸爸妈妈对孩子的评语往往在潜移默化中形成孩子自我概念的一部分。如果父母对孩子总是指责和批评，孩子就会逐渐认定自己是个糟糕的孩子。如果父母能够看到孩子的优点，并指出来，给予孩子正向的肯定，慢慢地孩子就会相信自己是有价值的，进而建立起自信心。家长对孩子积极的真实的评价会让孩子更加珍惜自己的优点，并表现得更好。

给孩子自主选择权

很多家长常常会不经意间否认孩子的感觉和判断，还会说出不信任孩子的话。当孩子抱怨功课难时，有的父母会说："怎么别人都会做就你不会做？你一定是上课没有好好听讲。"当孩子想要尝试一件新事物时，有的父母会说："得了吧，你那两下子我还不知道。"如果父母总是否定孩子的想法和做法，长此以往，孩子的自信心和独立性就会一点一点地被削弱。

《自驱型成长》一书告诉我们，孩子的大部分信心都是源自独立："这份'自己说了算'的感受，才是健康心智的前提，才是主动进步的源泉，才是跌倒了能爬起来的动力。因为自己想要，而不是被迫地成为这样或者那样的人。"也就是说，真正自信的孩子，一定是拥有自主选择权的孩子。

然而现实生活中，很多父母几乎掌控了孩子学习生活的一切，大小事情一律包办。孩子没有自主选择权、自主意识被抑制、自信心受到打击、缺乏责任感、凡事都依赖他人，最终养成了讨好型人格。

我们家长要懂得及时放手，尊重孩子的选择，这样孩子才会更加自信与乐观、更加优秀与独立。

真正的自信是允许自我被否定

有的家长说自己的孩子平时敢于表现，但是自尊心很强，不允许别人说自己不好。其实，不接受别人的否定也是孩子不自信的一种表现。真正的自信，并不是要求所有事情都得到他人的肯定，而是允许自己被否定。

面对这种情况，家长首先要接纳孩子被否定时的挫败感。在孩子沮丧的时候，家长可以给孩子一个拥抱，让他感受到爸爸妈妈仍然爱此时受挫的自己。我们不必急于去把他从沮丧的情绪中拉出来，更不要告诉孩子：爸爸妈妈不喜欢一个因为失败而哭泣的孩子。

然后，家长要引导孩子正确对待他人的评价，正视自己的挫折与失败，让孩子学会接纳不完美的自己。我们应该告诉孩子，真正自信的人是不需要依靠学历、工作成就、金钱、外貌等外在的价值支撑的，也不会因为他人的否定而气馁。他的自信来自内心，也就是自己认定自己的价值。与其寄希望于外界的变化来获得自信，不妨放下执念，从现在开始尝试无条件地接纳自己，在正视自己的不足和缺点的同时，也要认识到自己的优点和价值所在。

彩蛋来了

父母的夸奖会让孩子变得更自信。在接下来的一周里，请参考以下“话术”，每天都夸一夸孩子吧！请把你夸奖孩子的话，记录在表格中。

我觉得你是一个……的孩子，因为我看到（发现或听到）你……，妈妈真的感到特别……

日期	夸奖孩子的话
周一	
周二	
周三	
周四	
周五	
周六	
周日	

别把关心他人不当回事

常有人说："现在的孩子越来越以自我为中心，不会换位思考，也不懂得关心他人。"还有些家长会因为孩子不知道关心自己而伤心。毋庸置疑，任何人都喜欢那些善解人意的、关心自己的人，社会也需要协作精神。假如孩子不懂得理解他人，不懂得与他人沟通相处，不懂得团队合作和责任担当，在走上社会时往往会处处碰壁。那么，如何让自己的孩子成为善解人意、懂得关心他人的人呢？

关心，是需要学习的

不要觉得贴心小棉袄都是天生的，或者孩子到了一定年龄自然就会关心他人了，关心也是需要学习的。而且关心别人不是一下子就能学会的，而是像练习体育项目或学习乐器一样，需要在日复一日的行动中逐渐养成。无论是辅导同学做家庭作业、帮父母做家务，还是担任班干部协助班主任开展工作等，这些关怀与帮助行为的日常重复，会使关爱成为第二天性。

关心他人，要做到以下四步：

- 第一步：觉察到他人不舒服或心情不好；
- 第二步：知道这个时候他人正需要我们的安慰；
- 第三步：知道具体怎么做能安慰到对方；
- 第四步：用语言或行动表达关心。

想让孩子学会这四步，家长的言传身教必不可少，家长主动引导，并以身作则，才能培养出“暖宝宝”。

培养孩子对家人的关心

家人是孩子身边最亲近的人。孩子在学会关心家人之后，才能懂得关心更多的人。

1. 直接说出需求，别让孩子猜

想让孩子学会关心他人，最好的方法就是直接告诉他什么时候别人是需要被关心的。有时候，我们“内心戏”很足，却并不直接表达。我们总觉得孩子应该能感觉到爸爸妈妈身体不舒服，应该不需要我们的刻意提醒就能主动来关心我们。但很多时候，孩子可能真的不知道我们的需求。

与其让孩子猜测，不如直接表达需求，直接告诉孩子，自己希望听到他的关心问候，希望他能抱抱自己。

2. 带动孩子参与对家人的关心

在家人之间互相关心的时候，也积极引导孩子参与其中。比如妈妈生病了，爸爸需要照顾妈妈。这个时候爸爸就可以对孩子说："妈妈现在身体不舒服，很难受。"这就是在提示孩子，妈妈现在需要我们的关心。

接着爸爸可以问问孩子："我去给妈妈做饭，你可以帮妈妈做点儿什么吗？"这就是在引导、启发孩子思考如何用行动来表达关心。

3. 不要"拒绝"孩子的关心

有时候面对孩子的关心，家长明明心里是高兴的，但嘴上说的却是："你不用管我了，快去写作业吧。你管好自己就行了。"这样的"拒绝"就像给孩子泼了盆冷水，会让孩子觉得自己的关心是多此一举，可能以后也不会再主动关心他人了。

4. 不要忽视对孩子的情感关照

关心与人的共情能力有关，只有拥有共情能力的人，才能理解他人的感受，才能学会关心别人。培养孩子的共情能力，首先要让他常常感受到被共情。如果孩子怎么教都依然学不会关心他人，很可能是因为孩子没有得到期待中的关心，他自身的需求没有得到满足。

当孩子需要被关心的时候，特别是情感上需要安慰的时候，身边的人是否敏锐地捕捉到了？我们家长是否知道孩子的期待是什么？又是否满足了孩子的期待？因此，请不要忽视对孩子的情感关照。想让孩子学会关心他人，首先要让孩子能够感受到自己真正被关心。

培养孩子对同伴的关心

除了关心家人，我们还要进一步引导孩子学会关心自己的同伴，学会从他人的感受出发来表达自己的关心。

面对同一情境，不同的人可能会有不同的感受和表现。例如，同样是摔了一跤，有的人会号啕大哭，有的人会忍着不作声，有的则完全不当回事。所以在向他人提供帮助的时候，可以先问一问对方："你需要我叫老师吗？需要我扶你去医务室吗？"在征得对方的同意后再行动，这样可以避免给他人带来不舒服的感受。

关心是一种可以迁移的助人能力，当孩子能够很自然地对身边熟悉的人表达关心之后，他就会慢慢地关注到周围更多需要帮助的人，并且懂得在力所能及的范围内去表达关心、提供帮助。在关心他人、尊重他人的过程中，孩子自己也将获得成长，会更加敬畏生命，更加热爱生活。

第五章

懂规则促发展

教孩子建立自己的“朋友圈”

在第六届新东方家庭教育高峰论坛上，青少年心理教育专家陈默老师做了题为《当今都市青少年的特征及价值取向》的主题演讲。演讲中，她特别提到现在的孩子带着天生的孤独感来到这个世界，而这种孤独会带来很多麻烦。人一孤独，就会思考，孤独的孩子可能会过早地思考一个终极问题：“我的存在有什么意义？”一旦有这种疑问，痛苦就会伴随着他。

而让孩子远离孤独，快乐成长，最好的方法就是教孩子建立自己的“朋友圈”，让孩子在友谊中获得支持生命的力量。作为父母，我们需要重视孩子的友谊，重视孩子的社会交往问题。

去自我中心化，培养尊重意识

在大人的眼里，孩子就是家庭的中心。在家庭中，孩子表现得比较自我，我们家长并不会觉得奇怪。然而在家庭之外，又有谁会喜欢一个说话做事总以自我为中心、不尊重他人的人呢？因此，我们作为家长的第一要务，就是帮助孩子去自我中心化，培养孩子尊重他人的意识。

去自我中心化，就是让孩子不再只从自己的角度看问题，而是尝试换位思考，站在他人的立场去分析判断，让孩子具有同理心。

讲故事是非常容易操作的引导方式，比如家长可以和孩子讲这样的故事：杨杨带了猕猴桃与伙伴们分享，朋友们都很喜欢并表达了感谢，唯独东东不喜欢吃，嘴里还说："这是我最讨厌吃的猕猴桃，我才不要呢。"接着，家长可以问问孩子："如果你是杨杨，听了东东这样的话，会有什么感受？""如果你也不喜欢吃猕猴桃，你觉得怎么说更合适呢？"

通过这样的交谈，再加上与朋友相处的经验，孩子就能逐渐具备换位思考的能力，慢慢懂得如何尊重和体谅他人。

发现他人优点，优化交往方式

没有人会讨厌发现并说出自己优点的人。善于发现他人的优点可以优化与他人的交往方式，让自己更加受人欢迎。

平日里，家长除了向孩子演示如何发现他人的优点，如何表扬他人，还可以在空闲的时候，和孩子聊一聊自己或者朋友的缺点，并且引导孩子去发现缺点背后的闪光点。比如如果孩子觉得自己的朋友是个"捣蛋鬼"，我们就可以告诉孩子，"调皮捣蛋"并不完全是坏事，调皮捣蛋的孩子往往也有"古灵精怪”“充满活力”的一面。

这样做不仅可以让孩子知道，每个人都会有优点和缺点，我们要看到别人的缺点，但更重要的是善于发现他人的优点；而且这也是在教孩子用辩证的眼光去看待问题，缺点的另一面也有值得我们欣赏和学习的地方。

引导孩子包容他人的缺点，在合适的时机赞美并学习他人的优点，优化自己的交往方式，如此一来，孩子就能收获更多的友谊。

创造机会，让孩子学会合作

与他人交往，必然要学会与他人合作。合作精神是一种素养，是一种美德，也是未来社会发展的需要。合作精神是孩子应该养成的一个至关重要的社交能力。作为父母，我们应该重视并培养孩子的合作精神，让孩子学会合作，学会与他人和谐相处。

父母首先要做的是，鼓励孩子参加集体活动，创造机会让孩子与不同的人交往。比如，周末约上伙伴一起去公园游玩，一起去踢足球、打篮球，邀请朋友来家里小聚等。

家长要注意的是，在孩子的生活中，有三件与“合作”相关的事是尤为重要的：

分享：学会分享意味着孩子既愿意与其他孩子分享自己的玩具，又能够借朋友的玩具来玩，并且在玩完之后，还给对方。

排队：大部分集体活动都需要孩子们一个接一个依次进

行。而老是插队的孩子一定是不被大家欢迎的。

遵守游戏规则：在一起做游戏时，所有参与者一定要遵守同样的规则，游戏才能正常进行。因此我们要让孩子认识到，遵守游戏规则是至关重要的。

孩子需要了解并遵守这些活动的规则，并在活动过程中锻炼自己的合作能力。对于合作的结果，家长要给予积极的反馈，表扬孩子表现好的地方，并真诚地赞美；如果某个环节孩子合作得不好，也可以一起讨论，寻找原因和改进方法。

而且，孩子与小伙伴们在一起时，经常会发现自己的想法、行为跟伙伴有所不同。有时孩子会坚持自己的意见，有时会认同伙伴的观点，他们会根据情况来决定自己的态度。家长不必看重结果，要允许孩子灵活应对、感受过程，并在过程中学会合作。

美国心理学家罗宾（Ziek Rubin）在《童年友谊》一书中指出，儿童之间的友情对孩子们的生活具有潜在的重大作用：为孩子提供学习社会技能的机会，学会认识自我，并形成对社会的认识和团体归属感。孩子可以在交往的冲突中发现自己的力量，并正视自己的弱点。这些仅在家庭中是难以获得的。

虽然每个孩子成长的环境不同，但对社交生活的需求却是相通的。一个有同理心、懂得尊重、懂得合作、懂得互帮互助的孩子，也一定能建立好自己的“朋友圈”，他将会带着朋友的温暖和鼓励，走向更美好的远方。

彩蛋来了

和孩子一起聊一聊他的好朋友吧。可以从下图中的大拇指到小拇指指出的五个方面聊起，看看孩子有多了解自己的好朋友。

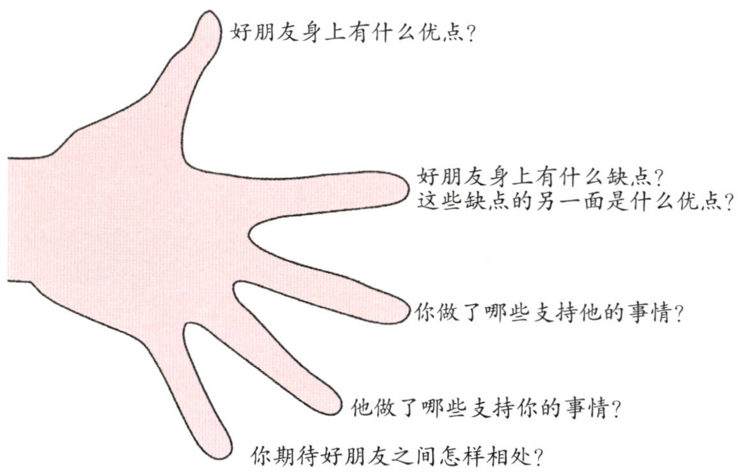

用规则让孩子放下电子产品

在屏幕学习的时代，让孩子完全杜绝电子产品几乎是不可能的。因此，如何让孩子适度使用电子产品，就成了家长们需要掌握的一门技能。小学低年级孩子的自控能力还不是很强。家长可以通过制定规则让孩子对电子产品的使用变得可控。但制定规则听起来简单，做起来却并不那么容易，也有很多需要注意的地方。

经过事先约定，再提出规则

很多家长一开始并未向孩子提出关于使用电子产品的一些要求，但当孩子看了太长时间的电视，或者玩了太久的手机而没有学习的时候，又会发怒，严厉斥责孩子。这样做的不仅不能引导孩子正确使用电子产品，还会加剧家长与孩子之间的矛盾。

一方面，孩子会认为不公平：“凭什么你说不能玩手机我就一定要听？”孩子不服气，就会抗争。另一方面，孩子的自律需要一个前提，即孩子要发自内心地认同：在这件事上他的行为需要被约束。如果孩子认为你的管教名不正言不顺，即使现在屈从了，以后也不会发展成自律的行为。

所以，家长要做的是：事先约定，而不是事后管教。

规则要明确可执行

有时候，我们所谓的规则，要么是绝对化的“不行、不许看”，要么是模糊化的“只能玩一会儿”。“一会儿”是多久？很多家长也没有统一标准。可能今天因为作业多，孩子看了 5 分钟手机都嫌多；而明天因为自己工作忙，孩子看了 1 个小时也不管。规则都不明确，孩子又如何去遵守呢？

所以，如果我们想要控制孩子使用电子产品的时间，一定要明确规则，这体现在以下两个方面：

1. 执行标准要明确

执行标准包括：

* 使用频率和时长。例如每天 20 分钟或只能周末每天 30 分钟（可以根据自家实际情况来制定）；
* 是否有额外奖励。例如在节假日增加额外的时间。

这里需要注意的是：

* 时长要合理。如果孩子想看的节目一集是 25 分钟，那我们就可以将标准设定为 25 分钟，这样就不会出现节目还没看完

但是必须强制结束的情况。

* 频率不要变化太大。如果以前是每天玩 1 小时，那我们可以先缩减为每天玩 30 分钟或隔天玩 1 小时，不要立刻变成只能周末玩 30 分钟，其他时间不允许玩。突然调整太多，孩子难以接受的话，就会不愿意去执行。

* 规则的标准不能由家长单方面决定，孩子参与探讨、共同制定才能确保孩子在执行时的主动性。

2. 后果说明要明确

如果孩子没有遵守规则，需要承担后果，比如玩手机超过了规定时间，经提醒后依然没有执行，那第二天就要被禁止一次。如果孩子执行得好，则可以给予孩子奖励，例如一顿大餐。

规则的执行需要家长的坚持和耐心

有时候孩子还没有耍赖，家长自己就先把规则抛在脑后了，特别是在家长工作没做完、身体不舒服、家务繁忙的时候。这样会让孩子觉得，好像规则也不是每次都必须执行。于是孩子会利用家长的监督漏洞，让规则变得形同虚设。所以，不要用你的行为告诉孩子“规矩是可以被打破的”。保持规则的一致性是帮助孩子遵守规则的最有效的方法，这比讲再多的道理都管用。

低龄段的孩子还不能很好地自律，所以家长不要有过高的期待，孩子就是需要不断被提醒才能逐渐遵守规则。当孩子不能很好地执行规则时，我们应耐心提醒，避免过度批评。同时我们还可以和孩子讨论执行中的困难，以及是否需要调整规则。

任何好习惯的养成都离不开规则的建立和遵守。花一些时间，全家人一起商定一个清晰的电子产品使用规则吧。如果家长能和孩子一起去执行这些规则，孩子就会有更大的动力，毕竟这会让他觉得，规则不是只用来约束自己的。

彩蛋来了

利用周末时间，全家人一起讨论并通过一份《家庭电子产品使用公约》吧，每个人都签上自己的名字，贴在家中醒目的地方，然后相互监督执行。记住，一定要一起遵守哟！

家庭电子产品使用公约

为了每一位家庭成员的身心健康，让每个人养成合理使用电子产品的习惯，我们共同约定：

第一、家人一起用餐时，不得将手机带上餐桌；

第二、周一到周五，孩子完成作业后，可以玩手机、平板等电子设备，时间不能超过 30 分钟；

第三、如果孩子违反以上条例，家长有权利禁止孩子第二天使用电子产品；

第四、如果孩子连续一个月遵守约定，家长需兑现事先约定的奖励一次（如吃大餐、看电影等）；

第五、……（根据家庭实际情况，酌情增减公约条款）

第六、在履行公约的过程中，如果孩子与家长发生争议，由双方当事人协商解决。

立约人签名：

自理能力的培养，都在这些生活小事里

儿童教育很重要的一方面是培养孩子的自我管理能力。一个自理能力强的孩子，能够主动地有条理地安排自己的生活和学习，家长省心又放心；而一个自理能力差的孩子，凡事都要家长提醒催促，常常会丢三落四。培养孩子的自理能力能增强孩子的责任感和自信心，为孩子将来独立生活、走向社会打下基础。

自理能力不好谁之过

有些家庭的孩子之所以没有自理能力，完全是父母的问题。因为父母或家中的老人、保姆包办了一切，孩子过着“衣来伸手，饭来张口”的日子，甚至连自己的洗脸毛巾都不需要自己来挂。

父母培养孩子的自理能力，首先应该让孩子自己的事情自己做。自己穿衣服、自己整理房间等看似微不足道的小事情，却是一个人独立生活必须具备的基本生活技能。如果孩子小时候没能掌握这些技能，长大后再学习就会变得非常困难，也就难以实现自立。

莫踩家务安排的雷区

自理能力的培养，可以从家务小事入手。有的家长可能会有这样的疑问：“为什么别人家的孩子会喜欢做家务？而我的孩子却怎么都叫不动？”答案很简单，这并不是因为你家的孩子懒惰，而是在引导孩子做家务的过程中，你可能采用了不当的方式。家长在给孩子安排家务时一定要避免以下三个典型的雷区：

第一，把家务活当作对孩子的惩罚。比如有的家长看到孩子不好好写作业或者考试没考好，就会生气地说："不好好学习，罚你洗碗一个月！"这样做会给孩子一种暗示：做家务是一种惩罚。孩子一想到家务就是不好的回忆，自然也就不愿意主动做家务了。

第二，否定孩子做家务的成果。比如，唠叨孩子洗碗浪费太多水，嫌孩子袜子没洗干净，抱怨孩子擦桌子纯属糊弄等。孩子本来满怀热情地去做家务，换来的却是家长的否定与批评，这就会让他觉得反正自己也做不好，索性撂挑子，什么都不干了。

第三，家长大包大揽。在孩子做不好家务或者不愿意做家务的情况下，很多家长就直接自己替他做了。因为他们在潜意识中认为孩子自己是做不好家务的，只会添乱，倒不如自己做了。没有谁天生就会做家务，如果我们大包大揽，不给孩子锻炼的机会，孩子将永远都学不会如何去做家务。作为家长我们应该相信孩子，不要剥夺孩子锻炼的机会。让孩子自己做，给孩子时间试错，允许孩子做得慢或者做得不好，唯有这样，才能真正提升孩子的能力。

因此，想让孩子愿意做家务，首先家长要改变态度，不能用家务惩罚孩子，不要剥夺孩子锻炼的机会，不要否定孩子做家务的成果。要持续地引导和鼓励孩子，给孩子安排适合他能力的家务，放手让孩子去尝试。此外，我们还要善于发现孩子的进步和优点，及时给予肯定，让他们感受到满满的爱。

培养孩子的自理能力，还能获得其他的益处，比如自理能力强的孩子，学习习惯都不错。心理学上有一个经典的学习迁移理论，很好地诠释了这一现象。

现代认知派心理学家杰罗姆·西蒙·布鲁纳（Jerome Seymour Bruner）认为，学习（这里指广义的学习）迁移可分为两类：一类叫特殊迁移，是把在一种情境中习得的具体的、特殊的经验直接迁移到另一种学习中去，主要包括动作技能的迁移；另一类是一般迁移，即基本概念、基本原理、基本方法和基本态度的迁移。

当孩子在生活起居、物品管理等方面都有条理、有秩序的时候，在此过程中习得的经验和方法就能应用到学习任务和时间管理中了。而孩子自理能力的培养，就在生活小事里。

彩蛋来了

通常来说，小学生需要具备的自理能力主要包括生活起居、物品管理、时间管理三个方面。我们不妨做个小测试，看看孩子现在具备了哪些能力，哪些方面还需要提升。

自理能力分类	评估内容	分数
生活起居	自己穿衣服、洗手、吃饭、上厕所，主动刷牙、洗脸、叠被子等	
物品管理	自己收拾书包，削铅笔，收拾书桌、书柜，保持房间整洁等	
时间管理	规律作息，不迟到，能记住课外班时间，能分配学习和休闲时间等	

注：满分为5分。5分为自理能力强，能够独立完成；4分为自理能力较强，偶尔需要帮助；3分为自理能力一般，经常需要帮助；0~2分为自理能力较差，大多事项依赖帮助。

第六章

懂家庭促亲密

亲子沟通三原则

美国的社会语言学家艾伯特（Albert Mehrabian）提出来的“55387 法则”被奉为沟通时的“黄金定律”。这条法则指出：一般人际沟通的效果 55% 取决于我们视觉上看到的形象、肢体语言；38% 取决于听到的语气、语调信息；只有 7% 来自说话的内容本身。可见，语调、肢体语言等之中包含了大量信息。

然而在日常亲子沟通中，父母往往更重视内容，而忽略了肢体语言和语气语调中包含的 93% 的信息。怎样让亲子沟通更有效呢？这里分享三个重要的亲子沟通法则。

接纳、允许孩子烦人但不严重的行为

当我们看到孩子有点烦人的行为，且这些行为不会引起严重后果的时候，我们应该选择忽略或者给予孩子正向的回应。

例如看到孩子的书桌有点乱，我们可以装作没看见，或者用期待的、平和的语气提醒孩子："你看，桌子上的很多东西都混在一起了，先收拾一下吧。"不管孩子有没有立即收拾，我们都不要再过问此事。

我们要理解：每个人都会为自己做出当下最好的选择；每个行为的背后都有正向的意图；改变是必然的，但需要意愿、方法、能力、支持和时间。

学会倾听，让孩子把话说完

"妈妈，我今天不想去上学……""不行！怎么能不上学！""爸爸，爸爸，我发现……""大人讲话小孩不要插嘴！"这样的对话想必大家并不陌生。在与孩子沟通时，成年人很容易表现出一种居高临下的姿态，认为自己对孩子了如指掌，知道他们的意图，所以根本不等孩子把话说完就下意识做出反应。误会和伤害便由此而生。亲子沟通的前提是倾听，而倾听应从听对方把话讲完开始，这是我们很多为人父母者需要努力的方向。

在听孩子讲话的时候，父母不仅需要适时地给予孩子语言上的回应，还需要加入肢体动作和表情等非语言形式，如认真注视孩子的眼睛，仔细听孩子说话，向孩子传递"我正在听"的信息。也可以通过抚摸、拥抱等方式，让孩子体会到父母对自己深切的爱。如果孩子说话的时候，父母到处走动，手里做着别的事或背对着孩子，就会让孩子觉得家长不关心自己，对自己所说的话不感兴趣。

凭借信任，走进孩子的内心

父母爱孩子是出于本能，可是要做到信任孩子却并不容易。很多家长嘴上声称信任孩子，但在实际行动中却表现出对孩子的不信任。

当孩子帮忙端盘子时，有的家长会说："你端不稳，别把盘子打了。"

当孩子尝试新事物时，有的家长会说："你这孩子做事没耐心，一看就不行！"

当孩子在房间里待的时间长了，家长总会以送水果、送牛奶为由进入孩子的房间，其实就是想看看孩子是否在玩游戏……

知乎上有个问题："为什么有些心里话不愿意和父母沟通？"网友们的答案几乎可以总结为一点——父母不信任我们。

对孩子来说，父母是最亲近的人。连最亲近的人都不信任自己，孩子怎会不失落？

文化学者马未都先生在《圆桌派》节目中曾分享了一段与儿子的趣事：

当儿子试探着告诉爸爸他喜欢上了一个女孩时，不想却被父亲的两句话惊呆了："你太晚了！我比你还小时，就有喜欢的女孩了。"父亲的回答在儿子心中激起了崇敬之情，之后父子俩开始了属于"哥们儿"间的友好会谈。正如马未都先生之后所言，家长首先要认同孩子，信任孩子，要坚定地和孩子站在一起，当他们认为你是“自己人”时，你就能走进他们的内心，打开亲子沟通的大门。

父母的爱和信任，是孩子探索这个世界的基础。得不到信任的孩子做事会缺乏动力，面对困难也会容易退却；而被信任的孩子具有冒险的勇气，不会被困难和绝望轻易压垮。

彩蛋来了

当孩子提出一些我们不能满足的需求时，不同的拒绝方式带给孩子的体验也是不同的。我们可以找个合适的时机，来实验下面这两种拒绝方式。注意每种对话方式要演练三遍，然后让孩子说一说这两种方式带给他的感受分别是什么。

<table>
<tr><td>孩子的要求</td><td colspan="2">妈妈，我想再看一集动画片</td></tr>
<tr><td>妈妈的回应 1</td><td>不行！</td><td>语气：决绝
表情：皱着眉头，用犀利的眼神看着孩子</td></tr>
<tr><td>妈妈的回应 2</td><td>我知道，
但是不可以！</td><td>语气：平和
表情：温柔的眼神注视着孩子</td></tr>
</table>

惩罚的艺术

生活中，为了制止孩子的不良行为，许多家长会采取惩罚的办法。但也有越来越多的声音呼吁家长停止惩罚，要用“表扬”和“鼓励”去引导孩子做出好的行为。那么，家长要不要惩罚孩子？惩罚孩子到底有没有用呢？

要不要惩罚孩子

美国心理学家赫洛克（Elizabeth Bergner Hurlock）的教育实验证明：批评对孩子的教育效果虽然没有夸奖的效果好，但也优于不给孩子任何评价。

可见，家长需要对孩子的行为予以反馈，而惩罚也是一种反馈方式。惩罚的主要作用是降低一个行为再次发生的可能性，增强规则意识。

综上所述，惩罚不是绝对不能有，通过合理的方式对孩子的不良行为进行惩罚，可以达到塑造孩子积极行为的效果。

为什么惩罚的长期效果不佳

很多家长反映，惩罚只能管一时，但惩罚的长期效果不佳，孩子的行为习惯依然没有改变。究其原因，有以下三种：

1. 没有保持惩罚的一致性

行为习惯的建立本来就不是一蹴而就的，而是需要一段时间的坚持。保持惩罚的一致性，即每次出现不良行为都要给予惩罚，才能对行为的纠正起到作用。

2. 惩罚方式并没有真正触动孩子

罚站、剥夺零食等不痛不痒的轻度惩罚并不能真正触动孩子，只能暂时制止孩子的不良行为，用过几次之后可能就无效了。家长需要了解孩子真正在意的事物，才能让惩罚更有效。

3. 孩子将惩罚理解为一种关系互动

孩子一犯错，家长就会采取行动。孩子发现，通过犯错可以让父母关注自己。为了引起父母关注，孩子会不断犯错。

让惩罚变成有效帮助

惩罚不是目的，消除孩子的不良行为才是目的。要想把惩罚变成有效帮助，家长可以从以下几方面做起：

1. 正面反馈，鼓励正面行为

孩子之所以不愿意去改变自己的不良行为，可能是因为通过这些行为可以获得一些自己需要的东西。因此家长就应该好好思考一下：孩子的这些需要可否从其他途径获得满足呢？

比如，孩子犯错是希望得到父母关注，那家长就可以在孩子做出好的行为时，及时给予表扬，让孩子的认知从“犯错可以被关注”转变为“做得好可以被关注”。

简而言之，就是“你想看到什么，你就赞扬什么”。

2. 积极惩罚，帮助孩子消除不良行为

所谓积极惩罚，是指虽然孩子不喜欢，但惩罚本身对孩子是有积极作用的。例如，孩子学习难以专注，可能是因为精力过盛，积极惩罚的方式就可以是让孩子跑步或者跳绳。运动后孩子释放了负面情绪、消耗了多余的精力，就能专注地学习了。

3. 建立同盟，共同解决当前遇到的麻烦

孩子行为的改变需要一个过程，并不会因为家长说清楚了，他们也听明白了，就会立刻发生变化。很多时候，孩子也想改变，却因为各种原因而没有付诸实践。作为家长，我们一定要相信孩子有变好的倾向。同时，可以通过沟通引导，和孩子一起思考行为背后的原因，找到解决问题的办法。

例如在写作业磨蹭这件事上，我们可以跟孩子这样说：“我

相信你是想做好的。你是不是遇到困难了？”这样说，孩子就会觉得我们和他站在一起，也就愿意共同来解决当前的问题。

关于惩罚的三点注意事项

1. 冷静下来再进行奖惩

当我们对孩子失去耐心，想要吼叫、责骂时，可以暂时离开当前的环境。让自己冷静下来，之后再处理问题。

2. 言行要统一

有时家长的做法会让孩子对规则的认知产生混乱，其结果是孩子会无视各种约定。例如家长要求孩子倾听，但自己却经常打断孩子讲话，孩子自然难以学会倾听。要记住，任何规则都要避免双重标准。

3. 灵活可调整

有些规则的制定很难一步到位，家长在制定规则时，可以约定规则的有效期，到期之后可以对规则进一步修订。这样可以避免规则执行不下去的情况。

惩罚的目的不是为了发泄对孩子的不满，也不是为了让孩子感到愧疚和自责。父母在惩罚孩子时要始终持有客观的立场、积极的态度，唯有这样，孩子才愿意配合父母，改正自己的不良行为习惯，更好地成长。

孩子更相信父母怎么做，而不是怎么说

我们每个人都是在观察和模仿父母行为的过程中长大的。刚出生的小婴儿就能模仿妈妈的夸张表情，后来他也是模仿着大人的样子慢慢学会走路、说话等。正是在观察和模仿的过程中，孩子相当一部分的智力和情感能力得到了发展。通常，与父母一起生活的孩子在发音习惯、走路姿势、沟通模式等方面与其父母都非常相似。孩子的这种学习模仿行为与大脑神经系统密切相关。

了解镜像神经元

20 世纪 90 年代中期，意大利神经科学家贾科莫 · 里佐拉蒂（Giacomo Rizzolatti）的研究小组发现，恒河猴的大脑中有一种特殊的神经细胞，这种细胞有“镜子”一样的功能，可以映射出研究人员的动作。研究人员将这些细胞命名为“镜像神经元”。此后的研究证明，人类大脑中的镜像神经元较之恒河猴分布更广，数量也更多。镜像神经元与人类的模仿学习、共情能力、语言学习、自我意识的产生等都有着密切的关系。

在家庭当中，父母在孩子面前的一举一动，不管是“好”的行为还是“坏”的行为，都会被孩子的镜像神经元像“拍照”一样拍下来并储存在大脑中，从而影响孩子的行为模式。孩子越小，对外界的模仿能力就越强。这也提醒了作为家长的我们，要反思自己在孩子面前的行为，是否给他们树立了好的榜样。

父母要言行一致，孩子才表里如一

在公共场合，当孩子大声喧哗时，如果我们希望他安静下来，一般会低声提醒孩子“小点声”，或者做出“嘘”的手势。这时候，孩子就会乖乖听话，不再大声喧哗。与之相反，也有家长认为，让孩子停止喧哗的方式是特别大声地告诉他“你小声点”，因为这样才能压得住孩子的声音。可事实证明这种效果并不好。因为对于孩子来说，他的镜像神经元“拍”下来的是家长的“大声喧哗”的画面，这与家长要求孩子“小声点”的语言信息并不一致。

对于低年级的孩子来说，他们更容易接收眼睛看到的、有画面感的信息。根据这个特点，当我们跟孩子沟通的时候，既需要言语上的引导，也需要行动上的引导，而且两者必须一致。比如说我们希望孩子早点起床，仅仅从言语上催促他们是不够的，还需要用一系列的动作来提醒他们，比如把孩子的衣服放在他们的床头，慢慢把窗帘拉开等。如此一来，孩子就能从这些非语言的信息当中意识到要起床了，自然也就会快速行动起来。

当目标与方式一致，孩子会更愿意合作

除了言行一致外，我们的目标和方式也必须要一致。很多时候，家长传达信息的方式和目标是背道而驰的。例如我们想让孩子写作业，却看见孩子仍在看电视，这时我们就会立马批评他：“你怎么还在看电视？你看都几点了！天天就知道看电

视！”我们期待的目标是让孩子快速进入写作业模式，而传达的信息却是在指责孩子看电视，还将负面情绪带给了孩子，这就跟目标背道而驰了。

如果我们换一种方式，温和地跟孩子约定：“现在是作业时间，先完成作业才能更安心地看电视。咱们定个闹钟，10 分钟后关掉电视，休息 5 分钟后开始写作业吧。”这样一来，孩子既没有被我们的负面情绪影响，也会更愿意配合去写作业。

总之，父母只有做到言行一致，并且方式与目标一致时，教育孩子才会更有效果。

教孩子管理自己的“小金库”

你平时会给孩子零花钱吗？孩子过年的压岁钱都是由谁来保管和支配呢？

孩子想要支配金钱时，是培养孩子财商的契机

随着自我意识的不断增强，当孩子发现钱可以用来换取自己想要的东西时，他就会希望自己有权力支配金钱。这个时候就是培养孩子的财商和金钱观的最好时机。家长可以通过让孩子参与“财务管理”，来帮助孩子发展财商。

给孩子建立一个小金库

家长可以和孩子一起算一算每年压岁钱的收入。当然，如果这笔钱已经被你悄悄地花掉了，最好和孩子说明钱都用在了哪些方面，比如为孩子买了玩具，给孩子报了课外班等，并向孩子承诺会在某个时间把花掉的那部分钱补给孩子。

如果压岁钱还以现金形式存放在家中，就带孩子一起去银行，让孩子亲自见证钱被存入银行的那一刻。如果是电子红包，建议也转入孩子的账户，方便孩子集中管理。

此外，家长还可以和孩子一起制定一个“零花钱发放计划”，例如每月 50 元，以现金或电子红包的方式发放给孩子。

和孩子一起制定消费和投资计划

在孩子拥有了自己的小金库之后，家长要善于引导孩子正确使用金钱。我们可以引导孩子对自己的收入进行分类，最简单的分类方法是分为“储蓄”“消费”和“公益”三部分。

大额的压岁钱和其他红包适合储蓄。家长可以帮孩子做一些理财和投资，定期告知收益情况，培养孩子的理财意识。还可以跟孩子一起商量储蓄部分的用途，例如用于报课外班、家庭旅游等。

零花钱用于日常消费。孩子可以用零花钱给自己买冰激凌，给朋友买生日礼物等。家长可以让孩子自行决定一些小额消费，但对于超出一定额度的消费，一定要提醒孩子提前报备。例如告诉孩子超过 50 元的商品都需要和父母商量之后再购买。

公益，指的是捐款等爱心行为。例如向贫困山区留守儿童献爱心、向灾区捐款捐物等。家长可以与孩子一同参与到公益活动中来。

教会孩子记账

给孩子准备一个账本，或推荐一个好用的记账 APP，让孩子学着把所有收入与支出都记录下来。

记账不仅能够让孩子记住花了多少钱、还剩多少钱，还可以教会孩子总结自己的消费习惯，评估自己消费行为的合理性，帮助孩子养成有计划的理性消费习惯。这样孩子才能成为一名合格的“小金库”管理员。

最后，当我们赋予孩子一定的金钱支配权时，也要同时给予孩子信任和尊重。对于孩子不成熟的消费行为，家长要做的是引导而不是批评。

彩蛋来了

让孩子成为一名合格的“小金库管理员”，可以从以下这三张表格开始：财务统计表、财务分配表和收支明细记录表。我们可以从月度计划做起，便于调整和优化。

表 1：财务统计表

款项来源	款项金额
压岁钱	
其他红包	
固定零花钱	
合计	

说明：该表用于统计孩子每月的“小金库”总额，其中压岁钱按月平分计入月度统计。

表 2：财务分配表

款项用途	分配金额	所占总额比例
储蓄		
消费		
公益		

说明：该表将“小金库”总额按用途归类后进行分配。

表 3：收支明细记录表

日期	摘要	收入金额	支出金额	结余

说明：让孩子学着记录“小金库”的每一笔收入与支出，写明日期、收支摘要、收支金额及结余金额。虽然有很多记账的 APP 也非常好用，但让孩子手写记录收支，是培养孩子计划性、条理性和消费意识很重要的一个方式。

“仪式感”是幸福家庭的标配

我们在日常生活中最常见的具有“仪式感”的行为莫过于在节日时与亲朋好友互送礼物。其实，“仪式感”有多种多样的表现形式，也是幸福家庭的标配，对于家庭和睦以及孩子的健康成长都有着特别重要的意义。

“仪式感”是一种表达爱的语言

营造仪式感绝不只是去完成一件事，而是和生命中重要的人度过一段美好的时光，留下一段不一样的美好回忆。仪式感会让我们深深体会到：自己是被爱的，是被人珍重的。

美国著名的婚姻家庭专家盖瑞·查普曼（Gary Chapman）曾在《爱的五种语言》中提出这样一个观点：每个人都有一个爱箱，只有当这个爱箱填满了的时候，人际关系才能发展。然而，不同人的爱箱需要用不同的东西来填满，这五样东西分别是：

肯定的言辞、精心的时刻、爱的礼物、服务的行动、身体的接触。实际上，这五样东西都倒映着“仪式感”的影子。

如何用“仪式感”来表达爱

肯定的言辞	当家人做出友好的行为时，用肯定的话语来表达自己的感谢。如：“我本想一会儿再来洗碗的，看到你都洗好了，我很感动。”
精心的时刻	每日的生活小细节，比如：饭桌上的一束鲜花，睡前的小故事，上学、上班前的拥抱，家人间深情的对视等
爱的礼物	礼物与价格高低没有关系；生活中的必需品也可以成为礼物，比如孩子的文具、家人的睡衣；无论礼物是大是小，最好亲自包装，并且郑重地送出，接受礼物的人也要带着感恩的心去回应
服务的行动	并不一定是帮助家人做什么大事，有时可以是一些很小的事情，比如给家人做他们喜欢的饭菜，帮孩子捡起掉落的文具，伴侣出门时帮他整理着装……最关键的是我们做这些事的时候是心甘情愿，带着欣喜的
身体的接触	接触是表达爱意最直接的方式，比如自然的拥抱、亲吻，给家人捶背、按摩足底，轻拍背部或肩膀来表达鼓励或安慰，及玩耍时的打闹、击掌等

不同的家庭表达爱的方式各有不同，无论我们选择用何种方式来表达爱意，只要是适合自己家庭成员的，都可以成为自己家庭独有的幸福密码。

警惕有条件的“仪式”

真正的“仪式感”来自对家人的爱和对生活的感恩。如果我们送给孩子礼物时附带的条件是让孩子乖乖听话，那么，这个行为就不是一个饱含爱意的“仪式”，而是一种操纵孩子行为的“贿赂”。有时，我们也会为了完成“仪式”而让表达爱意的方式沦为机械地“走形式”，这样不但不会使家庭的感情升温，还会淡化爱的语言本该拥有的意义。

由此可见，重要的不是选择什么形式来营造“仪式感”，而是赋予这个仪式怎样的意义。

每次去完成一个“仪式”之前，我们也要问问自己这样做的目的：我是在被迫完成一项任务，还是出于对家人的爱而这样做的？当我们送出礼物或为家人服务的时候，只需表达自己的情感和美好的祝愿即可，比如“我爱你”“我希望你每天都快乐地生活”等等。

对孩子来说，这种表达爱的“仪式”可以是在父母的陪伴下去郊游或游乐场，可以是每天睡前的一个晚安，也可以是伤心时的一个拥抱……每一个点点滴滴的瞬间，都是孩子成长最好的礼物。

仪式感是尊重，是感恩，是思念，更是关爱。生活不需要大张旗鼓，种种不起眼的细节足以让每一个平凡的日子变得无比温暖。充满爱与“仪式感”的家庭，一定会带给孩子一个温馨幸福的童年。

参考文献

1. 陈鹤琴 . 陈鹤琴“家庭教育”家长实用手册 [M]. 南京：南京师范大学出版社，2019.
2. 彭聃龄 . 普通心理学（第 5 版）[M]. 北京：北京师范大学出版社，2019.
3. 林崇德 . 发展心理学（第三版）[M]. 北京：人民教育出版社，2018.
4. 边玉芳 . 读懂孩子：心理学家实用教子宝典（6～12 岁）[M]. 北京：北京师范大学出版社，2014.
5. 新东方家庭教育研究与指导中心 . 教育大咖答 100 问：解决育儿烦恼的实用工具书 [M]. 杭州：浙江教育出版社，2019.
6. 迈克尔·霍顿 . 自控力成就孩子一生：儿童行为问题管理手册 [M]. 陈海生，译 . 北京：机械工业出版社，2015.
7. 赵石屏 . 孩子要上一年级（上下册）[M]. 北京：作家出版社，2018.
8. 阿尔瓦罗·毕尔巴鄂 . 孩子的大脑：智商与情商的真相 [M]. 张冉星，译 . 北京：北京科学技术出版社，2018.
9. 苏拉·哈特，维多利亚·霍德森 . 非暴力沟通亲子篇 [M]. 李红燕，译 . 北京：华夏出版社，2019.
10. 托尼·汤斯利，马克·圣·杰曼，安普尔·威力 . 三只杯 [M]. 刘兰兰，译 . 北京：现代教育出版社，2016.
11. 戴维·迈尔斯 . 社会心理学（第 11 版）[M]. 侯玉波，乐国安，张智勇，译 . 北京：人民邮电出版社，2016.
12. 陈忻 . 养育的选择 [M]. 北京：中信出版社，2016.
13. 钟思嘉，王宏 . 儿童时间管理父母效能手册：30 天培养出孩子的责任感 [M]. 北京：清华大学出版社，2020.

14. 盖瑞・查普曼 . 爱的五种语言 [M]. 王云良，陈曦，译 . 南昌：江西人民出版社，2018.

15. 兔毛爹 . 我承诺给你的美丽新世界 [M]. 武汉：湖北科学技术出版社，2016.

16. 史蒂芬·柯维 . 高效能人士的七个习惯 [M]. 高新勇，王亦兵，葛雪蕾，译 . 北京：中国青年出版社，2020.

17. 托马斯・戈登 . P.E.T. 父母效能训练：让亲子沟通如此高效而简单 [M]. 琼林，译 . 北京：中国发展出版社，2015.

18. 童喜喜 . 喜阅读出好孩子：中国孩子的阅读问题 [M]. 武汉：湖北教育出版社，2019

19. 新东方家庭教育研究与指导中心 . 多元文化下的家庭教育 [M]. 杭州：浙江教育出版社，2015.

20. 崔梦舒，张向葵 . 父、母亲学历及教养方式对学前儿童创造力的影响 [J]. 陕西学前师范学院学报，2016(7):46-49.

21. 顾红梅 . 如何在美术活动中培养幼儿的创造能力 [J]. 好家长，2017, 000(045):63-63.

22. Gregory, Robert J. (1995). “Classification of Intelligence”. In Sternberg, Robert J. (ed.). Encyclopedia of human intelligence [M]. Macmillan. pp. 260–266. ISBN 978-0-02-897407-1.OCLC 29594474.

23. Schaefer C, Millman H L. How to help children with common problems [M]. Jason Aronson, Incorporated, 1994.

24. Deci E L, Ryan R M. Self-determination theory[J]. 2012.

25. Stixrud W, Johnson N. The self-driven child: the science and sense of giving your kids more control over their lives[M]. Penguin Books, 2019.

26. Hussong A M, Langley H A, Thomas T E, et al. Measuring gratitude in children[J]. The journal of positive psychology, 2019, 14(5): 563-575.

27. Larsen-Freeman D. Transfer of learning transformed[J]. Language Learning, 2013, 63: 107-129.

状元老爸教育法

北京大学英语文学硕士
1990年陕西省文科状元
新东方教育科技集团助理副总裁

周 雷

手把手教你提升孩子的底层学习力

- 提升高效学习的五大底层能力
  阅读力、专注力、抗压力、时控力、复现力

- 培养稳定学习的四大心态
  好奇心、同理心、上进心、平常心

- 分解学科学习法
  语文、英语、数学……

- 分析学业规划
  小学、初中、高中、大学、国际教育

状元老爸教育法
给5~16岁孩子的父母

扫码免费听